ちくま新書

定年後の知的生産術

谷岡一郎
Taniolka Ichiro

1320

定年後の知的生産術【目次】

帯・章扉イラスト＝山本サトル

第一章

なぜ団塊の世代が、日本を先導するのか

†クリエイティブ・シニア

世の中はもうとっくに、「情報はできるだけ捨てる」時代になっているのに、検索エンジンを駆使して雑多に（そして闇雲に）情報を集め、それらに溺れて身動きのとれない人々がいる。「あふれる情報のほとんどはゴミに近く、それを見極めることのできない人々は、これからの日本社会をリードすることはできないだろう」というフレーズは、筆者が前の世紀に別の著作（谷岡、2000）で書いたことでもある。情報を捨てる時代だと、気がつかない人もまだまだいるものだ。

むろんであるが、検索行為そのものを否定するつもりはない。言いたいことは、「ニセの情報」、「不要な情報」、「有益な情報（もしくは将来有益になる可能性のある情報）」、「どうでもいい情報」などを見分けられるか否か。そしてそのために「自分で考え、判断する能力を養う生活習慣」を続けているのか、ということにすぎない。

本書の結論を先に言えば、そのような生活習慣を持たない、もしくは持とうとしてもできないグループの代表は、若者もしくは中間管理職として活躍する50代までの人々（特にオッサン）である。逆に最も知的センスが期待されるグループは、60代になり定年を迎えた、もしくは定年をこれから迎える人々である。

これら比較的高年齢の人々のうち、知的生産に生きがいを感じる人々を本書は「クリエイティブ・シニア」と総称しているが、「これからの日本はクリエイティブ・シニアが先導するだろう」と信ずる根拠をこれから述べる。

残念ながら、シニア・グループの全員が、クリエイティブ・シニアだと言うわけにはいかないだろう。体力に無理があったり、病気や障害に苦しむお年寄りは少なくないし、何かをやりたくとも（失礼ながら）充分な生活費を確保する時間が必要で、クリエイティブな生産ができない人々もおられよう。

それでも今の若者たち（特に男性）と比べて、より元気パワーを発揮できているのは、定年前後の人々が多いというのが筆者の印象である。

国内外を問わず、観光地において数多く見掛けるのは、海外からの観光客、若い年代から中高年に至る女性の3~5人くらいのグループ、そしてシニアの人々である。旅行以外にも「自分史」に挑戦する人々、「SNS（フェイスブックやブログ）」で交友関係を増やす人々、「俳句や囲碁・将棋」などの手習いを新たに始め、新たなエキスパート・レベルにチャレンジしてみる人々、などなど。それらの人々の多くは、若者ではなく元気なシニアであるケースが多い。

†教養とは何か――知識、知恵との違い

「あの人は教養ある人だ」といった物言いは、日頃よく使われるが、そこにおいて教養という言葉の明確な定義を持って使っている人は多くない。何となくおぼろげに共通の理解があるためか、定義する必要を感じないのであろう。

辞書的な定義として『日本語大辞典』には、教養が次のように説明されている。(1)人間生活を豊かにするため知・情・意の修養をつむこと(culture)、(2)人間性を開発・陶冶して精神文化を理解できる能力を身につけること(以下、無関係につき略)。

ここに強調されているように、教養はその根底に「人間生活を豊かにする」、「人間性を開発・陶冶する」といったポジティブな目的が存在することが必要である。その点で単なる「知識」やそれを応用する能力とされる「知恵」よりも上位の概念と考えてよいだろう。

辞書や辞典が手元にあれば、ほとんどの知識は手に入れることができる。ましてや今の世の中、コンピュータやスマホで検索することで(真の情報か否かは別として)、大抵のことはわかるようになっている。情報がありすぎて捨てる時代、「どうやって多くの中から役に立つものを見つけ出すことができるか」の方にとまどう人も多い。

この必要なものを見つけ出す能力は、知識を応用する「知恵(wisdom)」の範疇に入る

ものである。が、それはまた教養の重要な要素でもある。知識と知恵は持っておれば良いというものではなく、臨機応変に取り出し、組み合わせ、そして使うことができる点も重要で、それなくしては教養と呼べるものにはなり得ないだろう。

筆者が学長を務める大阪商業大学は教養を次のように定義している。つまり教養とは、「人間が幸せな人生を送るため身につける、知識、知恵、および（文化的に認められた）立ち居振る舞いのこと」である。

立ち居振る舞いが入っているのは、人は他人とのインターアクション――たとえば食事の仕方や公の場での作法など――の中で、「あの人は教養がある」とか「ない」とか言われることがありうることによる。単にしゃべったり、立ったり歩いたりするだけでも、教養のあるなしが、ある程度判断されることがあるからである。

大阪商業大学における教養教育のカリキュラムは、従って、本人が幸せになるために必要と思われるものを自由に選択することが基本。ただし一定の英語能力や運動能力など、「強制的に訓練されるべき」と判断されたものは必修である。他大学とはやや趣を異にし、たとえば哲学や憲法、第二外国語、数学など、本人が不要とするならあえて無理強いはしていない。

†団塊の世代のアドバンテージ

これまでの日本社会は、使える時間とお金の構造自体が、少々いびつだったのではないか。時間があるときにはお金がなく、時間がなくなってから金銭的に余裕ができたりすることがステレオタイプ的な日本人の姿だったような気がする。しかし今のシニア世代――特に「団塊の世代」と呼ばれる世代*1――は比較的元気で、引退後に多くの時間を持ち、そして経済的にも余裕がある（少なくとも困っていない）ケースが多く見られる。なぜかは不明であるが、ひとつの仮説として、団塊の世代はそもそも絶対数（人口）が多かったため、「過酷な競争環境下に置かれていた」ことが挙げられよう。受験でも結婚でもマーケットは狭く、その準備段階を含めて、他人と競争することがあたりまえだった。

この年代の幸運な側面として、1960年代、70年代と、日本は好調な（急激な）経済成長の波に乗ることができていた。多くの企業・産業が生まれ、若い働き手が必要とされた。その帰結として、あまり下品な行動をせず平均以上の学業成績を維持できた人々は、「経済的にはあまり困らない人生計画」を作成することができた。生活の質にさえこだわらなければ、アルバイト先も含めて、仕事は重層的に存在する時代でもあったからである。

団塊の世代の人々にとって、労働組合の存在や、保険制度の向上はまだ過渡期で、現代の視点で言えば不充分なものであったのは仕方がない。しかしそれがゆえに、日本の「伝統的な美徳」というか、あたりまえの姿として「自分のことは自分で面倒を見る」人生計画を立てることが通例と考えられた。安定した職に就き、必要なら不動産取得のローンを組み、老後の蓄えを確保するという方向性は、日本人の姿として正しい美徳と考えられたわけである。

その後、土地や株の値上がり、社会福祉制度の充実、通貨（円）の価値上昇などにより、日本経済全体の国力が上がっていった。気がついたときは、当初自分たちが考えていた人生計画以上に充分すぎる資産が残り、子や孫に残す余剰まで見込める状況になっていた。

†経済発展下のライフスタイル

のちのデフレーション効果により、預金の価値はあまり下がらなかった。日本に特有のシステムのひとつ「ボーナス制度」は、月々の生活レベルにおいて、余分な出費を抑える方向の力学として働いただろう。というのは、日本人にとってボーナスは、「期待するも

＊1　戦後ベビーブーム（昭和22〜24年。本書では広義で昭和21〜30年くらい）に生まれた人々をさす。作家で評論家の堺屋太一が使い始めた呼称。

のの、絶対ある（一定額ある）ものとは考えられていなかった」という事実があったからである。「毎月の出費は、月給以内でまかなう」ことが出費の基本姿勢となり、日本人家庭にとってボーナスは、プラス・アルファの収入であった。むろんボーナスの大きな部分は、ローンの返済などにあてられたにせよ、それ以外のプラス部分は一種の臨時収入とみなせられる部分である。欲しかった電化製品や、旅行・自家用車などの思い切った出費の大きなきっかけにもなったのが、年に2回程度あるボーナス制度だったのだろう。

国を挙げての「安定した職とそれに付随する収入」こそが、人生の目標であるかのようなムードに乗せられた――そして高い上質の教育を受けた――日本人はよく働き、そして定期的に（ボーナス時などに）よく支出も続けたわけである。

組合制度や政治家の思惑も働いて、成功者とそれに続く人々、さらにはもっと地位の低い人々の収入の差は、欧米などに比較してかなり低く抑えられたが、そのことも経済発展の大きな力となっただろう。一応高い地位や階級に属する人々――つまり皆が一種の目標とする人々――が、たとえばエアコン（むかしは冷房機能のあるマシンを「クーラー」と呼んでいた）を買ったとする。するとそのトップの人々に続く（ほど近い）人々は、自然な本能として自分もそれが欲しくなる。そして次はその下に位置する人々……と続く。

給与格差がそれほどないことで、上の地位の人々が得た新しい製品は、「ほんの少し無理をすれば手の届く範囲」にあり、それが浸透して各層に一回りすると、次の製品に移る。こうして洗濯機、掃除機、ステレオ、冷蔵庫、エアコン、カラーテレビ、自家用車などが順次普及し、加えて海外旅行やカントリー・クラブ（ゴルフ）を楽しむなど、団塊の世代の新しいライフスタイルが形成されていったのである。

ある面で「目に見えない力に動かされていた世代」と見ることもできる。それぞれが自分なりの物質的欲求の充足を求め、そしてほぼ右ならえで一定のスタンダードに達した世代、それが堺屋太一が言うところの「団塊の世代」だったというのが、筆者の見るところである。

右ならえの消費支出の中で、パーセントで言えばかなりの割合を占めたのは、実は「教育関連」費用である。

†学びの姿勢の変化――エキスパート型とオールラウンド型

これまでの議論とは少々矛盾すると考える向きもあろうが、団塊の世代は、「他人との差別化」を強調した人々でもあった。同年代が多く、競争が激しかったせいもあるかもしれないが、「自分が他人より秀でたものを見つけ出そうとする努力」を皆がやっていたように思える。それは勉強以外のこと、たとえばスポーツや趣味的な知識や技術などでも同様であるが、ここでは一応「学校で習う科目」に限定して話を進めよう。

算数・数学や国語でも英語でも、あるいは美術や歴史でも、自分が得意なものをより伸ばし、「その科目だけは他人が持っていない何かを持つ」といった方向の学びの姿勢（とりあえず本書は「エキスパート型」と呼ぶ）が一方にあり、もう一方に、「自分の不得手な科目を並以上にする」方向性（「オールラウンド型」と呼ぶ）への努力があるとする。競争条件が厳しい世代は、どちらかと言えばエキスパート型を目指さないと、集団やクラスの中で埋没してしまう可能性が高かったと考えるのが自然である。

そんな過酷な競争環境の中で、自己をアピールする良い方法のひとつは、エキスパート型の特化であっただろう。ただし根底には、「受験制度の違い」も存在したのではないかと筆者は見ている。

昭和40年代、つまり団塊の世代が大学受験に入る頃は、各大学がそれぞれ独自に作成した入試を行なっていた。特定の大学が特殊な能力を見出そうとするとき、難問と言われようと奇問と呼ばれようと、自分たちで必要と思われる問題を作成していた。特定の大学を目指す若き人々は、その大学の過去の出題傾向を研究し、科目によっては「かなり深い知識を持っている必要」が求められたのである。

昭和40年代の終盤に議論があり、50年代には「共通一次試験（のちの大学入試センター試験）」がスタートする。その議論の中心は、「教科書に載っていない知識が必要なテストなど、不公平である」という受身的なものであり、表面上はなんとなく耳に快く響いたにせよ、その実「これ以上の知識は不要です」というレベルを設定したにすぎなかった。結果として、それ以後はオールラウンド型を目指す努力の方が、（少なくとも大学入試については）良い評価を得られる世の中になってしまった。足りない部分を補うほうが、上位の科目をより高めるよりも楽だったからである。

†教育システムがオールラウンド型を増やした

共通のテストには、ポジティブ効果（功の部分）もあったであろうが、筆者の父は当時私立大学の学長をしていた関係もあって、共通一次試験導入に反対していた。曰く「私立大学には建学の理念があり、それに合った学生を育てる前提で入学許可を出す。従って自分たちの欲しい学生は、自分たち（のテスト）で決めるのが本来の姿である」と。

それに対し、当時の文部省はこう説明している。「これはあくまで国立大（すべての国民に同等の条件を与える）を中心として作られた制度で、参加・利用したい私立大学があれば活用すればよいが、決して強制ではない」と。その後、学部・学科改変や定員変更の届出のたびごとに、「お宅は共通一次をどう活用しますか」という、「質問の形をとった無形のプレッシャー」が私学の牙城を崩しはじめ、泣く泣く定員の一定数を共通試験で入学させる大学が増え始めた。これが実際に起こったことである。

本書は共通一次試験や、大学入試センター試験の功罪を議論する場ではないので、これについては詳しく述べるつもりはないが、あとひとつだけお許しいただきたい。それは共通一次試験導入時に、当時の永井道雄文部大臣が、私の尊敬する日本私立大学協会の事務局長（当時）に言った言葉である。「いろいろと私学側も危惧する声、反対する声があるのは分かるが、とにかく一度スタートさせてくれんかね。今の富士山型の大学序列（偏差値）システムを北アルプス型[*2]に変えてみせるから……。ダメだったらやり直せばいいだけのことじゃないか」[*3]と。

現状は皆の知っているとおりで、北アルプス型の実現は幻であった。一度始まったオイシイ天下り先を、要・不要にかかわらず存続させるのは官僚の得意とするところ。「やり直せばいい」と言った人は、すでにこの世の人ではないのである。

昭和40年代から50年代にかけては、大学の門がやたら狭い時代でもあった。大学を希望する人数は多い。定員は限られており、受験倍率は高騰していた。

競争から脱落するグループの多くは、高卒で就職をし、キャリアをスタートさせているが、皮肉なことに、キャリアを早期にスタートすることは長く働くことを意味するがゆえに、有利な点もあった。高校を出て働き始めるにせよ、大学に入学するにせよ、前述のような好景気に支えられ、団塊の世代はそれなりのキャリア・パスを形成することができたのであった。

翻って、現在（2018年）の日本社会を見れば、次の特徴が否が応にも目に入ってくるだろう。まず最初は、大学とその定員が増加したにもかかわらず、大学を受験する人口が減ったことである。大学を目指す割合自体は増えたが、18歳人口は減り続け、社会人や留学生の参入を加えてもなお、定員を満たさない大学が目立ち始めた。現状で私立大学の4割は定員割れを起こしているという。

今は入る大学にさえこだわらないなら、希望者全員が進学できる時代である。これでは、受験競争が激しかった時代を勝ち抜いた人々に太刀打ちせよ、というのがもとより無理な話と考えられるのだ。

一部の有名校は依然として競争率が高く、入学許可を得るために高い学力が要求されるのは間違いない。しかしそれとて、出題の範囲は（むかしと違って）限定されており、そ

＊2　いろいろな頂点（ピーク）のある、特色ある、序列化されていない大学システムをさす。
＊3　伝聞なので、この通りの言葉とは限らないが、内容は同じである。

の範囲を繰り返し学習する受身的教育で——つまり条件反射と記憶のみで——何とかなる。得意科目で他人と差別化できることは期待薄で、得意科目が力を発揮する大学を探すことは、あまり役に立たない対策となってしまったのである。

ここではエキスパート型より、オールラウンダー型が有利であり、決められた範囲を越えないレベルの記憶力が、最も効果的な対策となっていることになる。つまらん！

†エキスパート型の育て方

もう察知されているものと思うが、筆者はオールラウンド型の秀才より、エキスパート型の教育こそが、より国力を増大させる近道だと考えている。とりわけ「追いつけ追い越せ」という国是がほぼ完遂され、これからは世界のリーダーとして他国の目標となる立場の日本における人材育成は、そうあるべきである。「どの教科も一定レベルは必要」という論に反対する気はないが、自分の得意な科目に集中することで、その道のエキスパート、そして新たな道を切り開くことのできる開拓者・求道者を作り出すことができる。ひいてはそれが、日本の将来のためだと信じているのである。

アメリカ合衆国に「メリット・スチューデント（merit student）」という一種の奨学金制度がある。共通のテストを利用して、将来性のある高校生1000人程に奨学金を出しましょうというだけの、表面上はどこにでも見られるシステムである。しかし日本の同旨の制度とは大きく異なっている。「質的に異なる点」を列挙すると、次のようになる（順不同）。

●各教科上位（約100名ずつ）と総合点の両方のカテゴリーで選ばれる。つまり、エキスパート型にもオールラウンド型にもチャンスがある。

●点数のみが条件であり、億万長者の家庭出身者でも、点数がよければもらえる。

●メリット・スチューデントの下に、準メリット・スチューデントとして「名前の発表（約1000名）」のみの栄誉の付与もある。

●民間企業からの募金が原資の中心で、メリット・スチューデントの奨学金は1人当たり1回のみ、約2500ドル（約30万円）と、金額的には決して多いものではない。

たった30万円程度の奨学金で、あの高い学費のアメリカの大学——たとえばスタンフォード大学やハーバード大学は日本の10倍程度と考えてよい。他もおしなべて同様と考えられる——の奨学金が役に立つのだろうか、と思うかもしれないが、このシステムの目的は金額ではない。たとえば「私は化学分野のメリット・スチューデントですと大学受験用申請書に書ける」という事実こそが重要な点なのである。

私立大学は言うに及ばず州立大学でも、授業料などを免除する以外に、優秀な学生を獲得するための特別奨学金や、学生寮の優先割り当て枠などがあり、メリット・スチューデントはその対象となることが多い。

もうおわかりかと思うが、メリット・スチューデントは、「大学が獲得し合う人材」だと認定された証なのである。そしてそれは準メリット・スチューデントにとってもほぼ同様と考えてよい。金額の多少ではなく、栄誉を与えるだけで充分な理由がそこにある。

†能力を生かせない日本型教育

日本の学費は大雑把に、いわゆる文系で、国立大学と公立大学が60万円、私立大学が120万円程度かかる。奨学金はその免除や補助が中心であるが、日本の大きな特徴として、「経済的に苦しい家庭」にほぼ限定されている点を指摘するべきだろう。

経済的に苦しい人々も、その資格と一定の能力さえあれば、高等教育を受けられるようにすることは、国の施策として当然である。しかし裕福な家庭出身者は、頭から考慮されないことが多い。

筆者の友人の子女が、ある有名私立大学に入学が決まり、ズバ抜けた成績をもとに奨学金の申請をしたことがある。結果は、両親とも高給取り――少なくとも平均以上――なので、申請資格が充分ではありません、とのことだった。「私は両親に頼らず、自分の力で高等教育にチャレンジしたいのです。18歳はもう大人なのですから」との本人の説明は受け入れられなかった。

彼女は幼少時をアメリカで過ごした経験が長かったため、他の友人と同様、自分の力でキャリアをスタートさせようとしただけであるが、日本社会はそのような考え方をしない。むろんその私立大学の、少ない奨学金の原資を困窮家庭に優先的に配分することは非難されるべきでも何でもない。問題は能力——潜在力も含めて——ある若者が、自立をしたいと決意したとき、そのシステムがあるのか、ということに過ぎない。

たとえば高校野球で、ホームラン記録を塗り変えたプレイヤーは、金銭的に億単位のメリットが保障されるだろう。野球エリートが大学へ行くとすれば——分数の四則演算すら危うかったとしても——大学で野球を続けることで、学費が免除されたり、その他多くのことにも援助が与えられるだろう。しかし数学オリンピックや物理オリンピックでメダルを獲得しても、金銭的なメリットは未知数（ない！）としか言いようがないのが現況である。最近やっと、東大など有名国立大学に推薦合格枠ができたのは、少なくとも喜ばしいことである。

あえて主張しよう。高等教育の奨学金は、まず「能力と意欲があっても機会が与えられない人」に与えられるのは当然として、次に「日本の将来に本人が役立つ能力、もしくはポテンシャルを証明できた人間」に与えられるべきである。たとえその出自が大金持ちであろうと。そして予算的には、後者の方により重きを置くこともあってよいだろう。なぜならポテンシャルを証明できた人材には、留学費用や機器購入など、高額の支出部分が少なくないだろうことが予想されるからである。

†シニア世代は学びの楽しさを知る

ここまで長々と、本題に関係のなさそうな話（入試システムや奨学金制度）を続けてきたのは、実はわけがある。今の日本において、エキスパート型の教育を厳しい条件下でくぐり抜けた経験を持ち、かつ教育のための支出に（あまり）困らないグループの代表が、筆者の考える「クリエイティブ・シニア」だからである。このグループのより有利な点として、「時間もかなり自由になる立場である」ことは特徴のひとつだろう。筆者が「これからの日本を知的に先導する大きな力は、クリエイティブ・シニアだ」と考えるのは、これらの要素が大きいからである。

エキスパート型教育——つまり、少数科目集中型教育——を受けてきた人々の大きなアドバンテージは、「学ぶことが楽しい」ことを知っている可能性が高い点にある。「好きこそものの上手なれ」ということわざがあるが、もともと自分が得意だった科目は、自分が好きな科目だったことが多いのが自然。つまりより「深く学ぶことは、楽しいことなのだ」と感じていた経験がすでにあると考えてよい。

趣味が高じて半プロフェッショナル、もしくはそれ以上の力量を見せる人々は、多くの場合その趣味の追求(追究)が生きがいのひとつでもある。その内容に耽溺するあまり、家庭内のメンバーたちに迷惑をかけることもあるにせよ、なけなしの時間とお金をその趣味に使うことが、ストレス解消であり喜びでもある。加えて、明日への活力源にもなっているのである。

団塊の世代は、エキスパート型教育によって、伸びる可能性の高い部分をよく伸ばすことのできた世代でもある。そして学ぶことの楽しさを身をもって知っている世代でもある。幸いにしてその突出した能力は、ひとつの頂点を持つものではなく、いろいろな方向性が存在した時代であったため、世に出た人物たちが企業体の中でぶつかり合うことが起こった。ぶつかって失敗したところもあったにせよ、逆に「質的に異なったタレントがぶつかり、化学反応を起こし、相乗的な効果を発揮できた」企業体もいくつか誕生した。こうしたことが幸いして、日本経済は大きな発展を成し遂げてきたと考えられるのである。

†古い価値観と闘ってきたシニア世代

本章が挙げる団塊の世代の特徴の最後は、この世代は社会で、教育システムの中で、職場で、そして家庭生活において、「古い慣習と闘い、ある程度打ち勝ってきた」という事実である。

この古い慣習とは具体的には、「軍国主義的序列・規律」、「職場第一主義による忠誠の押しつけ」、「年功序列的人事」、「姑による嫁イビリ（異なる習慣の押しつけ）」などなどであるが、まだ他にもあるだろう。それらを総合的にひとことで表わすとすれば、「序列の破壊」だったと（筆者は）考えている。

あらかじめあえてコメントしておくが、それら序列破壊行為のすべてが良かった、と言うつもりはさらさらない。どんなことにも「功」の裏面に「罪」の側面が同居する。ある種の価値観の変化は、長い目で見て、日本の役に立たない側面が大きかっただろうことも認めざるをえまい。

たとえば、学生運動に代表されたいわゆる「左翼イデオロギー／リベラリズム」は、それまで日本の権力構造を握っていた右翼的思想の、悪しき部分を打破することにかなり成功した。人権が尊重され、福祉制度の進んだ、比較的平等な社会に移行させた原動力は、左翼イデオロギーであったろうと評価し得る。

しかしそれはまた、「それまでの日本の伝統が保持していた良い部分も消し去ってしまった」という指摘も否定すべきではない。具体例はあえて挙げない――予想される反論に対処するのがわずらわしいため――が、今の社会は「目的完遂のためにはどんな手段を利用してもいい」と考える人々に有利な状況である。そしてその類の人々が結果的に得をするシステムが、放置される結果となっているのが現状であると感じている。

イデオロギー自体が悪かったとは言わないが、それを実行に移すプロセスと、人間の資質に問題があったのである。「ウソをつくぐらいなら死んでみせる」という武士道的気概は、日本人の大きな美徳だったが、そうでない人も多くいるのである。

日本社会における職場環境や、家庭環境なども大きく変化したが、それらは主として団塊の世代が闘った結果としての、「古い価値観の打破」によるところが大きい。その内容として、職場の雇用関係、嫁と姑、核家族化、社会的弱者へのケア、司法制度など、多くの例を思いつくが、紙幅の関係でここではあえて触れずに置いておこう。本書の読者の多くにはたぶん釈迦に説法であろうからだ。

団塊の世代による闘いの方向性としては、「競争環境の公平化」を目指し、その根底に「個人としての幸福の追求」が原動力としてあった。結果はどうあれ、本書で重要なことは、まさに「競争の経験」と「個人主義の追求」を行なった——しかも、ある程度成功した——団塊の世代の経験と記憶であり、それが本書のメイン・ターゲットになっているという点だ。

†知的エリートの特長

これまでの議論をまとめると、全員とは言えないが、団塊の世代の一定割合の人々——なかでも実社会で高い地位に就くことができた人々——は、次に挙げるいくつかの特長を持つ人々だと考えられるだろう。

a. オールラウンド型の知識では若い世代に負けることがあったとしても、「これだけは負けない」という少数の（エキスパート型の）得意科目（もしくは特異な才能）を持つ。
b. 学ぶ楽しさを知っている。
c. 経済的に比較的余裕がある。
d. 競争に打ち勝ってきた経験を多く持つ。
e. 人生（キャリア・家庭・その他）を通じて、新しい価値観にチャレンジした経験がある。もしくはそのチャレンジを深く考えたことがある。
f. 新しい知見を吸収し、かつ消化する意欲と能力を持つ。

この人たちが定年を迎え、まだまだ体力的に元気であるなら、これから果たす役割は、日本で減少傾向にある「知的エリート」を補完することに他ならない。

「日本に知的エリートが足りない」という現代社会の傾向は、おそらく間違いないはずだ。主たる原因は、前述の入試制度によるエキスパート型人材の減少だと考えているが、そもそも人口動態による競争の軟化もその根底にあるのだろう。

かつては、政治のトップ集団、大学の知のトップ集団、経済のトップ集団らの中に、我々が仰ぎ見ても届かないカリスマ的「知の巨人」が何人もいた。単にその分野に優れているだけでなく、多くの知を背景に、ぶれることのない人生哲学を持ち、真にエリートとして君臨していた人々である。言うまでもないが、ここで言う「エリート（élite）」とは、ネガティブな言葉ではない。エリートとは、多くの人間が進む方向を示すことのできる知と人格を持ち、その責任をも負うリーダーたちのことをさす。この種の人間に対しては、反感を持ち敵対する者も多いのが常であるが、それを跳ね返す実力と気骨を兼ね備えているのが、真のリーダーたるゆえんである。

日本の政治の世界は、我々のスタンダードから見て「トンデモない国々」に地政学的に囲まれている。この現状に鑑《かんが》みるとき、大学や経済界に比べて、比較的よくやっていると評価せざるをえない。ましてや野党が、「金をもらっていないなら証明せよ」などと、物理的に不可能な不作為の証明――あえて「イチャモン」と言ってよいと思う――を求めるなど、単に審議を引き伸ばし、国会を空転させようとしているとしか考えようのない環境下で、必要な法案を審議・通過させるなど、ある程度の国会運営をよく遂行できているものだ。

別に現政権が一番良いと考えているわけではないが、日本の将来をまともに考えていない党にまかせるより、百倍もマシである。むろん今の政治家たちを吉田茂、板垣退助、伊藤博文ら、真のエリートたちと比較するのも正当でないことは認めるとしても。

大学（学問）の世界も、経済界も、一定のリーダーはいるにせよ、おしなべて小粒で、とてもかつて知の巨人として崇めた人物のレベルには達していないだろう。知の巨人の例としては、たとえば、大学・学問の世界における福沢諭吉、大隈重信、南方熊楠、湯川秀樹、北里柴三郎といった面々であり、また経済界なら松下幸之助、岩崎弥太郎、野村徳七、出光佐三などなどがすぐに思い浮かぶ。今、そのレベルの学界人、経済人がいるだろうか（いない！）。

その他多くの分野に、知の巨人と言えるリーダーたちが多く存在した。たとえば漫画界の手塚治虫、文学界の司馬遼太郎、川端康成らが綺羅、星のごとくいた。筆者の大好きなSF界でも小松左京や星新一がいた。そのような時代を単になつかしがってばかりいても、世の中は進まない。

日本にはノーベル賞受賞者が毎年のように生まれているではないか、つまりまだまだ知の巨人は存在しているのだ、という反論はあろう。しかしその業績は、過去の知の巨人たちに奮起させられた人々によるものであり、ある面で「過去の遺産を食いつぶしているプロセスで生まれた」ものと考えられる。カリスマ性だけをとっても、昨今のノーベル賞学者の学会での影響力も、湯川秀樹や朝永振一郎レベルに達しているのは山中伸弥くらいのもので、他の方々は及んでいないような気がするのは、おそらく筆者に限定された話ではないと思う。

†マニュアル人間から知の発信者へ

「君たちは、便利な機器、瞬時に手に入るデータや、あり余る情報に囲まれ、何でもすぐにある程度わかるという恩恵をうけている。しかし……」。これは入学式において、学長として筆者が新入生たちに行なうスピーチの定番である。それはこう続く、「……しかし、どこかに「その情報を発信している人がいる」という事実に諸君は気づいているだろうか」と。

新入生らはそのフレーズを聞くと、必ず「はっ」と表情を変えてこちらを見る。それは何年にもわたって変わらない、新入生たち——つまり高校で受け身教育を中心に受けてきた若者——の本能的な動作と言っても過言ではない。何かを発信している人のことなど、今までおそらく考えたことがなかったのであろう。

「さて、諸君に聞きたいことがある……」、式辞の名を借りたスピーチはさらに続く。「あなたがたは、これからもずっと情報を受ける側でいるつもりなのか、それともいつの日か、発信する側になりたいと考えているのか」。この質問は答えの決まった質問、つまり新たな心構えを教えているに等しい。筆者はこの質問をしたあとの皆の反応を楽しみにしているのだが、これまでの経験では例外なくシーンと静まりかえり、ほぼ全員が私の顔をじっと見る。さも驚いたような顔をして目を見開いているのである。

それは我が大学において、若き高校卒業生が「真の大学生」になろうとする瞬間でもある。おそらく「何かを発信する側になる」という考え方は、高校生のカリキュラムからは生じない考え方なのだろう。決められた内容を覚える教育は受けてきたが、「新しいことを考える方法論」は、教科書に載っていないからである。

入学式の式辞では、この大学の建学の理念と、その解釈を中心として、その他多くのことをしゃべる。忘れてならないのは、「大学における4年間が、人生の骨格の多くの部分を決める」ことができるのだという信念である。入るときの偏差値など、ほとんど何の意味もない。それより「卒業して世に出るときの人間の厚みこそが、その人間の評価である（ついでに大学の評価であるべきだ）」とも述べる。「今からの勉強で決して遅くない、知識をツメ込んだ偏差値エリート（マニュアル人間）には、創意と工夫で、そして今からの努力で勝てるのだ」と。それは半分ウソなのかもしれないが、筆者は本気でそう思っている。頭からあきらめては、何も始まらないのは事実である。

ルーマニアでの会議で会ったシアトルの実業家が、並の企業のトップと、伸びる企業のトップを分けるのは、「真にトップになるんだ」という決断にある――逆に言えば、まず決断しなくてはトップになれない――という話をしていたことがある。[*4] 新入生たちに必要だったのは、まずもって「私でもビッグになれるんだ」という思いと、「いやなるんだ、なってみせるんだ」という決断であり、その点で筆者の式辞は一定の効果があると確信している。

事実として、大阪商業大学を卒業した者が会社を上場したりＣＥＯ（最高経営責任者）になる割合は近畿圏で３位より下に落ちたことはない。入るときの偏差値ランキング――そもそも筆者はこんなものは信用していない――を知っている人にとって、およそ考えら

＊４　２０１７年５月19日、ＡＵＡＰ（アジア太平洋大学協会）におけるS.Kremplの講演。

れない結果であろう。しかし社会での活躍は、事実として存在することを強調しておこう。

†高等教育にチャレンジするシニアたち

「ライフロング・ラーニング（life-long learning）」。日本語で「生涯教育」と訳されることもあるが、日本では意味するところの一部、つまり高年齢グループによる学び直しのみの意で理解されることが多い。本来は、キャリア・アップを目指しての資格取得なども含めた、「就労経験者（学生アルバイトは除く）による学び直し全般」をさす言葉である。

例にもれず、そして嬉しいことに、大阪商業大学にも高齢の入学者たちが何人もやって来る。ある夫婦などは、両者の年齢合計が160歳以上（卒業時）に達していたが、2人とも見事に良い成績で卒業していった。

大学院にやって来る高齢者（定義はないが、ま、50代以上の人たち）もいるが、そうした人々の目的は大別してふたつある。ひとつめは、「自分の行なってきた仕事や家業を学術的にまとめたい」という考えを持った人々である。自分史というわけではないが、特定業界の内情に詳しい立場に就いていた人が多く、自分（たち）のやってきたことを何らかの形で文章に残す使命感を持った人々が中心である。最近博士号を修得したN氏は、病気と闘いながら学部から修士、そして博士と、何年もかけてある業界の歴史と変遷を一冊の本にまとめ上げた。

もうひとつの目的別タイプは、それまであたためていたテーマ（主題）やトピック（個人的に「嵩じた趣味」みたいなもの）をもう少し勉強し、そして論文か著作にまとめたいという人々である。このタイプには、確固たるテーマを持つ者と、漠然としたトピックの方向性のみを持つ者とが混在するが、別にそれはどちらでも問題ない。確固たるテーマを持つ者でさえ、入学してからテーマを変更することはザラにある。

これらいろいろな社会人経験者は、（いわゆる）現役の学生たちと交じってクラスで授業を受けるのであるが、仄聞《そくぶん》する限り、お互いに良い影響を与えあっているようだ。

社会人経験者たちが与えるポジティブな側面は、「実社会がどのようなところかを話すことができる」、「就職活動のヒントを与えられる」、「勉強のやり方を自分の失敗例をもとに語ることができる」などがあるが、何よりも自分が学びの場に帰ってきた理由――つまり「学ぶことは楽しい」のだということ――を身をもって証明してくれていることである。学生らが、仕事熱心なオヤジの背中を見るように、彼ら彼女らに接するのを見るのは、学長として嬉しいことである。

社会人経験者たちも、若い人々から多くのものを得る。最新のカルチャーやトレンドに加え、機器の扱い方なども、むかしの経験は古くなっている。社会人経験者、特に高齢の人々の中には、スマホやコンピュータを扱ったことのない人もいる。高齢者の他の弱点は、体育と英語であるが、少なくとも体育は大学側に免除規定がある。

†年代にあった知的生産がある

筆者はちくま新書から『40歳からの知的生産術』という本を出したことがある。そのタイトルが表わすように、40代の人々が情報を整理し、まとめ、論文や報告書（プレゼンテーション）につなげるノウハウと、思考プロセスの方向性を示すことが主目的であった。

それなりに納得してもらえる内容であったという自信はあるが、考えてみるに40代の人々は、かなり忙しい人々である。やる気と能力を持つ40代の人々は、「トップに近い中間管理職」であることが多く、加えて家庭環境からくる義務と心労も少なくないことが多い。親はまだ存命の歳であろうし、子どもがいたとしてもまだ独立自立する歳にはなっていない。仕事に尽力しながら、さらに「新しい知」を発信するという余裕は、あまりないかもしれない。

今回、編集の方から、「定年後の人々をターゲットとした知的生産のノウハウ」を解説してほしいとの相談を受けたとき、「なんで自分が思いつかなかったのか」と、不思議な感覚をもったのを覚えている。

筆者とて、定年を迎えた日本人全員が「新しい知」を発信できる、などとは考えていない。正直なところ数パーセントもおれば充分だろう。たとえば昭和25年生まれが約200万人で、1％なら2万人。昭和25年の前後5年ずつ10年分積み重ねると20万人になる。つまり団塊の世代のたった1％と仮定しても、20万もの新しい知が発信される。そんな世の中を想像してもらいたいのである。

「いわゆる団塊の世代が、これからの日本を先導する時代になりつつある」と信じて本書を執筆しているゆえんである。

†コラム　俳句とイロハ詩

俳句が静かなブームだという。TV番組の影響が強いらしい。有名人たちがゲストとして登場し、与えられた題に従ってランク付けされる。表面的には単純な番組にすぎないが、キレの良い講評をし、辛口の（それでいて、ときとして見せる愛情溢《あふ》れる）点数をつける先生の人柄が、人気の源である。ゲストたちや司会者らの機転もまた、見ていて飽きさせない要素となっている。

番組に刺激されて歳時記を手に入れ、自分もやってみる。大変いいことである。あえてコラムに取り上げた理由は、ゲストたちの工夫や努力に、一種の知的挑戦の例を見るような気がするからである。

俳句は、五音・七音・五音（五・七・五）を基本とする、日本で生れた短い詩の形態であるが、奥は深い。通常は季語が必要で、番組の解説によると、視覚（情景）、聴覚（音）、嗅覚・味覚・触覚などが、あざやかに（正しい順序で）展開するものが高評価になる可能性が高い。技術的にもかなりのレベルが要求されるが、スタートしたばかりの素人がエキスパート並みの作品を作ることもあって楽しい。

高評価を受けるために、より重要な工夫として、「発想の転換・展開」が不可欠で、これがよりおもしろい部分である。情景や美しさがどれほど忠実に記述されていようと、発想の転換・展開による「ヒネリ」がなければ、エキスパート・レベルにはなかなか近づけない。とはいえ、ヒネリすぎてもまた「ひとりよがりの句」となってしまい、読み手に理解されない。つまり駄作とされる。そのヒネリは感性のニブい（頭のカタイ）人には、かなり難しい部分であるらしい。

ここで求められているヒネリは――この部分が筆者の言いたいことの中心概念であるのであえて強調するが――常に周囲を見渡し、いろいろなことに興味を持ち、チャレンジし、そして自分の感性を磨き続けなくては育めない類のものである。前述の教科書と教育の話に似ているが、自分で考え、自分で決断しなくてはならず、点数をつける方法も予め決まっているわけではない。「絶対的な正解など存在しない世界」が俳句の感性なのである。世の中は多かれ少なかれ「正解」が存在するとは限らないものだ。テストで出題されるような、「5つの選択肢のうち正解はひとつ」などという事象はまず起こらない。世の中に出て正しく考え、しかるべき決断をなす人間を作ることが、教育の目的の大きな部分であるとするなら、自分で考える能力は重要である。いっそ「俳句を作らせる方が、カビの生えた教科書より役立つ」と考えることもできるが、前提としてTVで活躍する俳句の先生のように正しく（少なくとも皆が納得する）評価を下せる者がいなくてはならない。そして俳句に限らず、多くの教科において、教員の質の問題は常について回るのである。

形式上の作成ルールが、より厳格に決められているものに「イロハ歌」がある。今では使用されない「ゐ（wi）」と「ゑ（we）」を含む（ひらがな）48音をすべて使用した詩（歌）であり、その代表は我々が「イロハ歌」として親しんでいる「いろはにほへと……」で始まる古歌である。[*5]

筆者が尊敬してやまないイロハ歌の師匠は、プロの（囲碁）棋士、中山典之七段だった。

*5　古くは11世紀の文献に残るが、作られた時期と作者はわからない。空海だとする説もある。イロハ歌全文は省略。

数年前に亡くなったが、「イ、ロ、ハ……ス」すべての文字から始まる囲碁のイロハ歌の本も出していた。その中から二首だけ紹介しよう。

「冥府歌」
冥府《めいふ》の圍碁《ゐご》は　面白や
下手さ見ゆれど　素敵なむ
智慧《ちゑ》ねる閻魔　笑ひけり
餘に嘘をつく　阿呆ぬかせ

「樂を歌」
樂をして勝つ　術《すべ》ありや
夢みる度に　智慧《ちゑ》は萎《な》え
嘯《うそぶ》きもせむ　我老いぬ
佛《ほとけ》の真似よ　圍碁《ゐご》さろん

今はあの世で、閻魔様や仏様を相手に、囲碁の手ほどきをなさっているのだろうか。

第二章

成功している人の時間にはメリハリがある

†忙しい人がよく遊んでいるのはナゼ？

成功し、功なり名とげた人の24時間を観察・精査すると、仕事以外のことをいろいろと行なっていることが多い。もっとわかりやすく言えば、「けっこう遊んでいるなあ」、「こんな寄り道をしていたのか」という感想を持つことがある。仕事一筋だけで成功に至った人は、意外に少ないのである。これはなぜなのか。

筆者も（別に成功者をきどるつもりはないが）尋ねられることがある、「谷岡先生の睡眠時間は、かなり少ないのではないですか」と。質問者はたいてい、筆者が多くの仕事・義務を果たしつつ、同時によく遊ぶことを認識しているのだろう。筆者は平均して1日に7〜8時間は寝ているが、少々寝すぎで恥ずかしいので、この種の質問にはムニャムニャと意味不明の答を返すのが常である。

結論から先に言えば、成功している人々は本章のタイトルにあるように、時間の使い方にメリハリがあるのだと思う。

時間を使うときには重点的に使う。働くときは働く。遊ぶときは誰よりも真剣に遊ぶ。特に（趣味を含めた）知的活動には、残りの時間のかなりの割合をあてるだろう。しかし普通の人々が——失礼ながら——ダラダラと過ごす時間、そして明らかに無駄か有害としか思えないような活動に使う時間は、あっさりと切り捨てることができる。

忙しい人というものは、逆説的だが「時間に対する一定の哲学」を持つことが多いのである。

†知的活動の時間

「特に知的活動には……かなりの割合をあてるだろう」と述べた。知的活動とは、本を読んだり書いたりすることを思い浮かべる人が多いと思うが、それらだけとは限らない。たとえば「じっと考える」ことも知的活動の重要な要素である。たとえ他人からは何もしていないように見えたとしても。

団塊の世代が若かりし頃は、一般的に受入れられていた教養の範囲は「境界のない世界」であったがゆえに、人々は自分で考え自分でものごとを決め、そして行動することが多かった。当時は自己責任が今より強調されていた時代でもあり、悪い結果に対しては自分が悪かったのだと考えるがゆえに、よく考えて行動しないと、うまく生きていけなかったという世の中でもあった。

友人や恋人たちと映画を観たあとは、その映画の部分部分について、それぞれがそれをどう感じたか話し合った。良い本に出会ったときは勧め合い、そしてその本について語り合った。まず自分で考え、自分の結論を持つ。それが真の教養——人生どう生きるべきかという考え方とその前提となる哲学——を育み続けたのである。

第一章で述べたように若い世代は、教科書に書かれている範囲の知識を表面的に覚え込む類の、「受身的教育」に慣れている。これは以前の教養とは違って「境界のある世界」である。若者たちはある範囲を越えると驚くほどモノを知らず、かつ「じっくり考える」ということには慣れていない。と言うより、あるトピックやテーマをじっくり考えたことのない人も多いのではないか。少し検索するだけで、知識人（らしき人々）の情報が入手できる昨今の便利さのせいもあろう。こんな時代において、自ら進んで「考える時間を確保する」ことの重要性は、いくら強調してもしすぎることはないと信じているのである。

いいのか悪いのかは別として、筆者は歩きながら考えることがよくある。今はスマホを見ながら歩いている人が多いようだが、これはたぶん「悪い」！　筆者が日頃よく活用する「考える時間」は風呂場、そしてベッドに入って寝るまでの時間であるが、これならスマホを使用することが難しい場所であるため、今の若者とて真似できるかもしれない。

アルキメデスが風呂の水がこぼれるのを見、その量は物質（人間の体）が押しのける体積と同じだと発想し、比重の考え方に至ったという逸話は有名である。最近では、クオークの種類と数を予言したノーベル賞学者の益川敏英も、風呂につかっているときに重要な発想を得たと聞いている。

あるテーマを定期的・不定期的にときどき取り出して考える習慣は、(おそらく)潜在的な思考回路を働かせることにつながっている。考えていない時間でも、頭脳は活動し続けており、その問題に取り組み、ひょんなきっかけでそれが新たな発想に結びつく。アルキメデスや益川博士らのケースは、そんな例の「風呂バージョン」にすぎないのだろう。リンゴが落ちるのを見て、重力の法則を考えた(と言われているが、たぶんウソ)ニュートンにせよ、何かのきっかけが最後の引き金を引いたというにすぎず、「普段から考え続けたものが結実した結果」だと考えてよいのである。ということは、「普段から考え続ける」ことが先になくてはならないわけだ。

ときとして、「あえて考える時間枠を確保する」ことは、筆者が万人に勧めることのひとつである。例として、筆者が実際にやったことをひとつ紹介しておこう。

2001年9月、21世紀が始まって間もない頃、航空機がニューヨークのビルに激突するテロ事件があった。筆者は早寝早起タイプで、夜に起こったニュースは知らないままベッドへ行き、朝起きて初めてニュースを知った。おぞましく生々しい映像を含め、ひととおり事実を把握したのち、一旦テレビは消した。新聞も開かなかった。なぜか。

小一時間ほどの時間を確保し、ノートを開げ、思いつくまま自分なりの分析を行なったのである。「もし私がアメリカの大統領なら何をすべきか」、「ヨーロッパなら……」、「イスラエルなら……」、「中東の国々なら……」とまず考えてメモする。続けて「産業界はどうする」、「教育界への影響は」などと心に浮かぶことをどんどんメモ——メモは「キーワード」だけで良い。これについては別の章で少し触れる——する。最後に「日本の行政府および立法府は、今何をすべきか」について、自分なりの意見を確立する。その上で、「では私は、今から何をすべきか」を決定するのである。

もう一度テレビをつけ、新聞も広げる。もし識者らのコメントの中に、筆者が思い至らなかった洞察があれば、自らの不明を反省し、どうすれば次はそこに思い至れるのかを考えるが、多くの場合、「なんじゃこの人は、この程度なのか」というレベルの論評が多いのも確かである。「なんじゃこの……」という人たちの名前は「今後尊重して聞くべき（心の中の）リスト」からはずされるが、逆に「この人のことは今後気にかけるべきだ」という名前も当然加えられる。

テレビを消し、新聞を見ないのは、もうおわかりと思うが「自分で考える」にあたり、余計な雑音をカットするためだ。受身型生活習慣の恐ろしい点は、新聞に書いてある論調やテレビのコメンテーターの言を、安易に受入れてしまうことである。

自分で考える習慣を得るためには、ときとして（無理をしても）その時間——たとえ10

分間でもいい――を確保することだろう。報道には語られない部分があり、ときとして誘導的ですらあることを常に認識しておいてほしい。

†観察眼を養う方法

自分の時間を大切にする生活の基本哲学は、「他人の時間をなるべく奪わない」というけじめに通じる。約束の時間に遅れることは、極力避けなければならないことも、当然である。筆者はいつも家内に、「こんなに早く出なくてもいいじゃない」と小言を言われる。しかしゆとりを持って到着し、そこで時間を有効に使う方が、少しでも遅れるよりはるかにマシだという思いが根底にある。

駅などで待ち合せるケースは、駅前にたいてい書店や100円ショップなどのおもしろい店があるもので、有意義な時間を過ごすには困らない。周辺に何もない駅でも、周辺地図くらいはあるため、それを眺めていれば退屈しないし、それもなければ、持参の本を読む時間として活用するだけの話である。

書店がどんどん消えていくのは寂しい。電子書籍の普及や、アマゾンなどへの発注によって、書店が不要になっているのが原因の一部であるが、おそらく根本的要因は、人々があまり本を読まなくなったことにあるのだろう。しかし書店の良さは、思いもかけない本に出会うことができる点にある。

自分の好きなコーナーや棚では、いつものとおり楽しい時間を過ごすだろう。しかし棚から棚へ歩くと、ネット書店のリストなどでは一生見ることのない、興味深い本に出会う可能性がある。それもまた楽しいものだ。「本屋（古本屋）をうろつく」ことは、筆者が知る知的な人々に共通する楽しみでもある。むしろ専門書などはアマゾンへの発注で良いとしても、「世の中を観察するためのスタート地点は書店にあり」とは、筆者の信念。書店でなくとも、図書館でもデパートでも、とにかく自分の足で歩き、自分の目で見て観察することである。

観察眼の訓練はする方がよい、と言うよりあえてすべきである。いつもだと疲れるが、ときどきは自分から進んで観察し、考える時間がほしいものだ。尊敬する知人はかつて、上司から電車の前に座った人がどういう素性でどんな生活を送っているかを書け、と宿題を出されたそうだ——ただし、どうやって答を知ったのかは聞きそびれた——が、答が合っているか否かが重要なのでなく、考える行為が重要なのである。

電車の中でも歩きながらでも、スマホの画面しか見ない人には、知的生産活動は向いていないし、いきなりやろうとしても難しいだろう。世の中に対するアンテナ——いろいろと観察すること——を張りめぐらせ、その背景までも考えるくせを持ち続けることは、知的活動の前提として不可欠なことである。

†迷ったら、やる

入学式で新入生たちに、「これからもずっと情報を受ける側でいるつもりなのか、それともいつの日か、発信する側になりたいと考えているのか」と聞く、という話を前章でした。リーダーになるためには、受身の姿勢から能動的に変わっていくべき必要がある。実は必ず言うことがもうひとつあって、それこそが筆者のエピタフ（「墓碑銘」）――というより、「モットー」――と言うべきセリフで、それは「やるかやらんか、迷ったらやる方を選びなさい」という言葉である。

これは特定科目の集中的勉強とか、一大決心とかいった、努力を伴う大それたチャレンジを前提としているのではなく、「明日映画を観に行く」とか、「デートに誘うべきか否か」などといった、日常のささいな――早い話が、本人にとっては大ごとでも、他人から見ればどうでもいいような――決心に関する話である。

「行こかな、やめようかな」などと、もし迷っている自分を発見したら、自動的にやる方を選びなさいというだけのことであり、それを在学中の少なくとも4年間は実行しなさい、という意味である。

この小さな積み重ねは意外に大きいと信じており、そう信じる理由は、筆者本人がそうしてきたから、そして役に立ったと実感しているからに他ならない。

日本の大学を卒業して、海外の大学院へ通い出した頃のこと。ある日、友人のガーデン・パーティに誘われたが、何となく語学の不自由さもあって気後れし、「断わろうかな」と考えている自分を発見した。自分で「オレは弱気になっている、これではイカン」と反省し、そのパーティに行ったところ、多くの友人との新たな出会いがあって、結果的に行って良かったと感じたのであった。

そのとき筆者は決心した。これから迷っている自分を発見したら、必ず「やる方をとろう」と。やった結果として無駄だったと感じることもあるだろう、しかしやらなかったことで失うものの方が絶対に大きいはずだと。

結論的にはこのときの決心が、自分をかなり人間として成長させてくれたのは間違いない。いろいろな人を知り、多くの知識を得、そして何よりも能動的生活習慣が身についたと自覚できたのである。自分に役立ったことであるから、学生にはそれを勧めようとしただけである。誘われたり頼まれたりすることに、可能な限りイエスと言い続けることは大変だった。しかしだからこそ今の自分があるのだと考える。

「とりあえずやってみる」ことは、遠回りに見えて、意外な近道であることは嬉しい発見だった。やってみた遠回りが、目的とする本来のこと以外にも結果的に良かったと思える他の効果を生み出したことが頻繁にあり、その点でも役に立った。

この本を読んでいる方々も是非実行してほしい。そしてそれは、「明日からではなく、今日から」、というのも学生に言うセリフの定番である。テレビで似たようなセリフをきいた気もするが、筆者の方が10年は早い(エヘン)。

†断わる基準を持つ

「なんでもやってみる」とかなり時間を使う。本を読むことも書くことも同じ。1日は24時間しかなく、その3分の1は睡眠、もしくはそれに付随する儀式的習慣に使用され、食事や通勤時間なども含めると、残りは半分の12時間もない。フルタイムで働く残業の多い人にとって、自由な時間などほとんどないかもしれない。残された方法は、極力無駄な時間を省き、それを生産的な行動にあてることしかないであろう。

日本は残業の多い社会であるという。残業が多いひとつの理由は、会議が多く、かつ(コンセンサスを得るために)ひとつひとつの会議が長いことであろう。経験上5人以上の会議は、あまり実り多い結論に達することがなく、30分を超える時間を使うものもまた同様である。ただしこれは、フルタイムで働く社会人に当てはまることであっても、定年を迎えた人々——本書のターゲットである団塊の世代——には当てはまらない。逆に言えば、それはこの世代の大きな強みのはずである。

先ほど「何でもやってみよう」と述べたが、逆に「勇気を持って断わること」の基準は、自分で決めておく方がよい。筆者は重要な食事会まではつき合うとしても、二次会以降は決して行かない。酒の席のグチを聞いたり、他人の下手な歌を聞くのは害ばかり多く、得るものはあまりないと考えるからである。二次会は「行こか、やめよか」というレベルではなく、迷いはカケラもないので行かないだけのことだ。

二次会に行かないと決めたなら、毎日の生活習慣にリズムが生まれる。特に朝の時間の活用につながる。朝、頭が冴えた状態で仕事の能率も高まるだろう。他人より早く着き、早く始めることは心の余裕につながり、結果として生産性は向上する。良いことずくめの「朝の活用」であるが、世の中にはいろいろな人がおり、どうしても夜でないとはかどらない、という人もいることは理解している。

†とっさの記録・記憶

メモ帳は常に持ち歩くくせをつける方がよい。スマホやパソコンでも代替可能であるが、いちいち電源を入れたり、特定画面を呼び出すより、紙に書く方がどう考えても早い。

メモ帳には思いついたことを何でも書く。それは文章の形である必要はなく、「キーワード」「単語」で充分こと足りる。「新書の件、②は成功、時間」と書くだけで、自分が何を考えて書いたか思い出せない人はまずいない。それでも忘れる可能性のある人は、わかるところまで――「ちくま新書の件、2章、成功、時間、メリハリ」など――キーワードを増やして、メモしておけばよいだけのことである。

筆者はメモ帳として使うノート1冊以上を必ずカバンに入れているが、面倒だと思う人は、スケジュール管理用のカレンダーを兼ねた手帳でもよい。市販のものは、余分なページが何ページか存在することが普通であり、その余白にキーワードを書くだけで、「思い出すための引き出しのひとつ」として機能する。

手帳が取りだせない状況なら、読んでいる本の表紙やブックカバーでもいいくらいだが、決して「覚えておけばいい、あとで思い出すだろう」という認識だけは信じないように気をつけられたし。「何かを思いついたのだが、何だったか忘れた」ことにより、どれだけあなたの新しい知見やチャレンジが、もともとなかったことになってしまうことか。

最悪のケースで、ペンもメモも手元にないのに、覚えておくべき何かを思いついたとする。筆者はそんなとき、腕時計を左手から右手にはめ直し、キーワードを現実社会の何かと結びつけて記憶する。右にはめた時計を、メモが完了するまではそのままにしておくことで、「何かを思い出すはずだった」ことを思い出し、芋ヅル式に連想される言葉をメモ帳に書き出したあとで、時計を左手に戻すのである。腕時計をしていない人は、ハンカチでも鍵でも何でも、いつもと違うポケットなどに入れておくだけで、「何かを思い出す」きっかけになるはずだ。

ずっとあとでもう一度、メモ帳の話をすることになるが、今のところは、「必ずメモ帳を持ち歩くくせ」を忘れないようにしていただければ充分である。メモは知的生産の第一歩である。

†「世に役立つ」楽しい生き方

筆者が学長を務める大阪商業大学の建学の理念は、「世に役立つ人物の養成」という。これだけでは抽象的で、何を言わんとするのかわかりにくいため、筆者が責任ある立場になったとき、より具体的な現代風解釈を「4本の柱」として打ち出した。その柱とは、「思いやりと礼節」、「基礎的実学」、「柔軟な思考力」、そして「楽しい生き方」という4つで、特に最後のもの――「楽しい生き方」――は、教育組織の理念として、過去に例を見ない類のものである。発表したときは少々驚きをもって受けとめられた。

「他人を幸せにする」という、究極の「世の役に立つ人物」たらんとするためには、まず自分が幸せを求める人間であるべきだ、とする思想がその根底に存在する。ここで言う「楽しさ」とは、快楽をむさぼるような物質的なものとは異なり、少々苦しいときでも前向きに考えることができるという気持ちの問題である。要は逆境や困難なチャレンジに挑むことを「与えられたチャンス」と捉え、努力するプロセスをも楽しむことのできる人間を育てたいのである。

してみると、同じ「楽しさ」という言葉の中には、いくつか別の意味が混在することに気づかされるだろう。次章以降においては、「知的生産活動が楽しいものだ」との前提で話を進めることになるが、その話をより理解してもらうためもあって、「楽しさ」を分類し、整理しなおしてみる必要があるだろう。

†人の欲求はどう充足されるのか

筆者は最終的に「楽しさのヒエラルキー」として分類し、まとめ上げるつもりであるが、参考として使用したのは、「欲求充足のヒエラルキー」という、古くから知られている概念である。まずはそちらの説明からスタートするのが筋と考える。

社会学者、アブラハム・マズローが20世紀後半に打ち出した概念として、「欲求充足のヒエラルキー（Hierarchy of Needs）」という理論がある。人々の欲求には段階・階層（ヒ

図－1　マズローの欲求充足のヒエラルキー

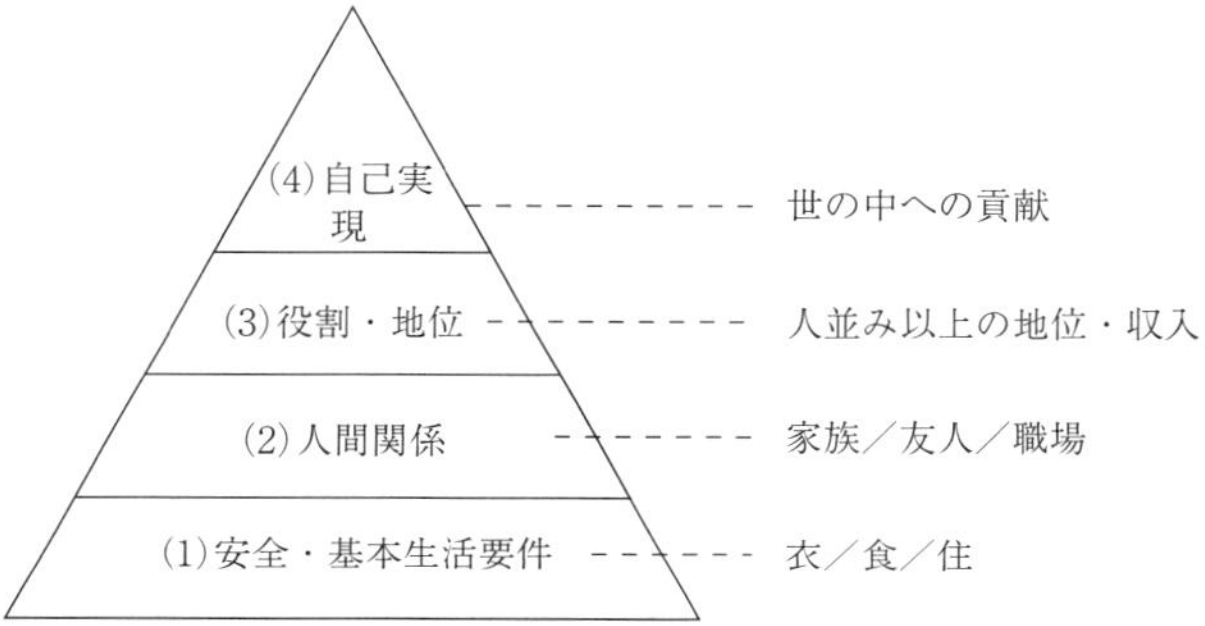

エラルキー）があり、より基礎的な欲求が充足されない限り、次の欲求に進むことは（あまり）ないとするセオリーである。逆に言えば、いきなり高次の欲求充足を求めることは――よほど変人でない限り――ないだろうと考えてもよい。

マズローの考え方はピラミッド状（4層）に分かれたヒエラルキーで、わかりやすく図示すると、図－1のようなものとなる（一部改変）。

まず、基底部の「安全・基本生活要件（衣食住）」であるが、人間の最低限の欲求は（あたりまえだが）「生き続けること」であることを表している。外部の敵から身を守る環境（特に「住」）の確保が第一歩だが、それに加えて、生きていくためには食べものが不可欠で、かつ寒さから身を守る衣類もなくてはならない。

幸い日本社会は、この基底部の第1層については、ほぼ全員の欲求が満たされている状況だと考えられるが、完全とは言えないのは認めざるをえない。自然災害の多い土地があったり、襲撃に遭ったホームレスの人々のニュースが報道されたりすることがある。

第2層、つまり生きることが保障された時点で人々が次に感じる欲求は、「人間関係」だとされる。家族は言うに及ばず、職場で、学校で、近所づき合いで、その他すべての社会生活において、「(良い)人間関係に恵まれる」ことの充足を求めるのである。

ただし、現代社会において人間関係は、どちらかと言えば満足のいく人々と出会うことより、イヤな人々と顔を会わさないでいられる方が重要視される可能性がある。他人とつき合うことをわずらわしく感じる、どちらかと言えば若い年代に多い「ひきこもりがちな人々」にとって、ヘンな人とつき合わなければならない状況より、ひとりでいる方を好むかもしれない。また年代差だけでなく、おそらく地域差も――大阪の人と東京の人とは異なるというふうに――存在するだろう。それでも人間は普通、ひとりだけで生きていく人生に満足するものではないのである。

安全と衣食住が保障され、人間関係の欲求も(とりあえず不満でないレベルで)満たされたなら、人々が次に求める欲求充足は、第3層の「役割・地位」という段階。わかりやすく言えば、社会において役に立ちたい、注目を集めたい、そして尊敬されたいということである。

何をもって「役に立つ」と言えるのか。何をもって「尊敬されている」と判断すべきかは難しい問題だ。「万引きが上手い」ことで非行仲間の活動資金を獲得し、(仲間から)尊敬されたり、他人より大量の酒が飲めることで注目を集めても、社会全体のスタンダードで見れば、それほど強いパフォーマンスとは言えないだろう。

それよりわかりやすい指標は、実社会における「地位」ではなかろうか。部長は課長よりとりあえずエライし、常務は部長よりエライ。世間にその名前の認知されている会社や組織での高い地位は、それだけで社会的役割を果たしている証左とみなされ、付随することとして、「周囲から尊敬されている」と考えてさしつかえない。

「収入を伴う実質的な地位」が得られないケースでは、PTAとか、町内会とか、サークル活動でもボランティアでもよい。中心的な役割を担うことで、一定の地位(あの人はエライ!)とみなされ、尊敬されることもあろう。ここにおいては、その役割に合った代償が得られるか否かは二の次。それより(物質や人間関係が充足されたなら)尊敬を集めることの方が重要な欲求だと考えられるのであろう。人間というのは、とかく他人の目を気にするプライドの高い生き物なのである。

マズローの「欲求充足のヒエラルキー」の最上段に位置するのは、第4層の「自己実現」という項目である。物質に満足し、人間関係に不満がなく、ある一定の役割・地位に達した人間が、最後に求めるのは、「世の中に対し何かを成し遂げた」と言える業績を残すことだと考えるとわかりやすい。

一定の役割・地位に達する人は、希少と言うほどではないと思われるが、自己実現を達成できたと信じられるレベルに到達できる人間は、それほど多くないだろう。ただ何度も言うように、団塊の世代はその可能性が最も高いグループであるのも確か。本書は第4層を追求するためのノウハウを解説するものである。

†「欲求充足」から「楽しさ」へ

マズローの「欲求充足のヒエラルキー」は、あくまで充足されるか否かという規準にすぎない。たとえば「食」が充足されるという意味は、「生きていけるカロリーや栄養を摂取できる」という内容でしかない。しかしカロリーや栄養が満たされたなら、より美味しいもの――特に高級食材――が欲しくなるのが人の常であることは、また真実である。

より美味しいものを求めることは、欲求の一種であるが、「なくてはならない」というものでもない。その点でマズローが予定していた（記述した）充足のレベルから、逸脱しているのも確かであろう。

ある欲求が基本的に充足を完了したとき、同質の欲求の高次のモノは、プラス・アルフ

図-2　楽しさのヒエラルキー

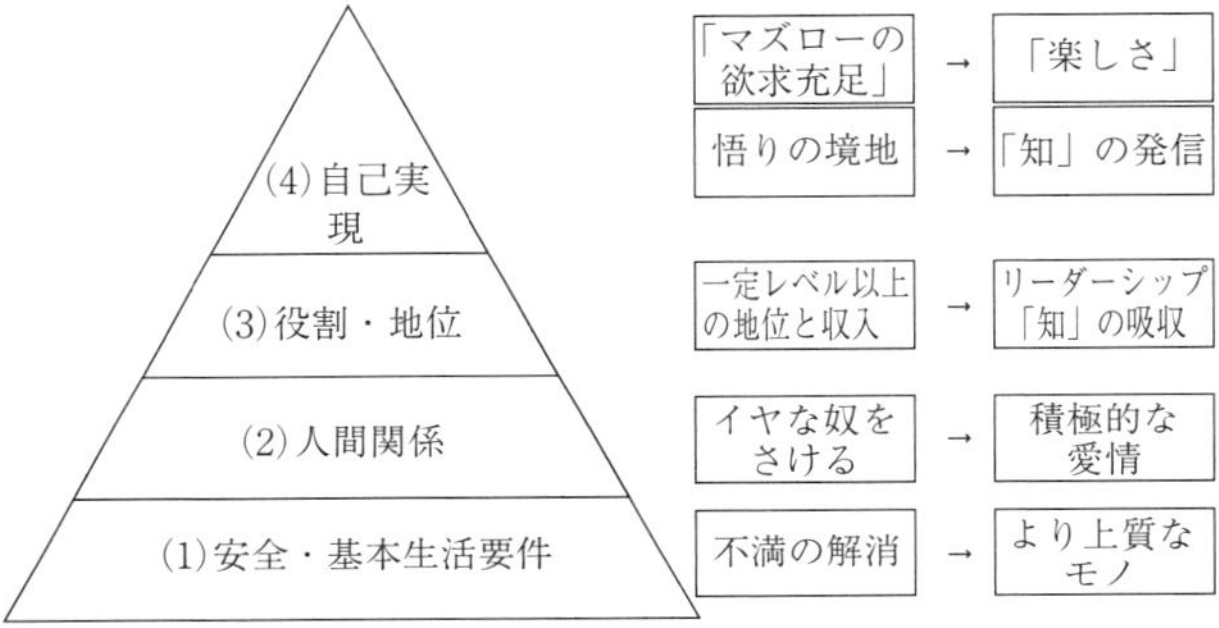

アとして位置づけられるものと考えられる。マズローの基本セオリーからは、少々次元の異なる欲求の充足――充足と言うより「欲求の高度化」、つまりプラス・アルファ――とみなすのが正しいだろう。このプラス・アルファは、わかりやすく表現するなら、マズローのヒエラルキーの「欲求」ではなく、「楽しさ」の次元である。マズローは主として「ないと困る欲求充足」を論じていたが、筆者はマズローの各項目のプラス・アルファの部分、つまり「楽しさのヒエラルキー」（図-2）を新たに考えることにした。

雨露をしのぐレベルの住居からテイクオフし、より上位の住環境が得られる前提として、「一定以上の収入」がある必要がある。ギリギリの生活から、金銭的に余裕ができたとき、最も下層の「安全や衣食住」のニーズは、その中身を変え始めるだろう。食材についてはすでに述べたが、衣服は（デザイナーズブランドとは言わなくとも）小ぎれいなものになり、安全や住環境も次第に質の良いものに変わっていく。むろんそのぶん本人の主観的楽しさは増える。

しかしあえて言わせてもらうなら、それは「物質的なプラス・アルファ」にすぎず、たとえめったにしか入手できない美味しい食材を食べる機会に恵まれたとて、その場限りの享楽に近いものである。日本人がバブル景気によってあり余る（これまで経験したことがない）富を手にしたとき、その使い方は少々見苦しいものが多かったのも確かであった。余ったお金の使い方について、物質的なものでスタートするのは通常見られる現象であるが、当時のそれは「バカげた」使い方のレベルだったと思っている。

どんなに美味しいものを食べようと、デザイナーズブランドの服を着ようと、人間関係が上手くいかないと、人生は楽しいものにはなりえない。マズローにおける「人間関係の欲求充足」は、少なくとも「イヤな奴とつき合わなくてすむ」というネガティブ・レベルからの回避がその核であり、加えて家族や同僚などがいて、とりあえず不満のないレベルであれば充足されたものと考えていた。この2番目の層「人間関係」をプラス・アルファのレベルにするには、「良き家族・同僚・上司などに恵まれる」、「愛情を交感できるすばらしい人と出会う」といった、ポジティブな世界が必要で、それが人生をより豊かで楽しいものにする。

人間関係のプラス・アルファは、収入が上がったからといって買えるものではない。物質的余裕は、イヤな人間を避けることには役立つ可能性は高い——ま、お金で買える「愛情もどき」もないわけではない——が、プラス・アルファの領域にはあまり有効な手段とは言えない。

ここにおけるプラスを引き出す最も大きな力は、「人間性や、他人への思いやり」といった、本人の総合的な魅力のようなものであろう。その点で逆説的に聞こえると思うが、「他人を楽しくできる者こそが、自分も楽しくなれる」、そして「自分が楽しくなれる者が他人を楽しくできる」わけである。性格というより、気持ちの持ち方の問題なのかもしれない。「ヤな奴」は、人間関係もそれなりに充分な高みに達しないことが多い。

マズローの下から3番目の層、「役割・地位」に関して、欲求充足に達するレベル、つまり不満でないレベルは、平均以上の役割・地位だと考えてよい。つまり不当に低い役割・地位でさえなければ、とりあえず充足したものとみなすことになる。楽しさのヒエラルキーでは、平均的なものを超えた役割・地位を発揮することで、より上位の楽しさを経験することができる。わかりやすく言えば、グループの中で「リーダーシップを発揮」するレベルである。

リーダーに必要とされる条件は少なくない。筆者にとって「真のリーダー」とは、「長期的視野を持ち」、「戦略と戦術の違いを認識して使い分けることができ」、「決断すべきときに決断できる」、そしてその決断に皆が従うほどに「人格が優れ、皆から信頼されている」ことが必要だ。こう書いただけでも簡単な条件ではないことはおわかりいただけよう。付言するなら、リーダーの決断は結果的に正しい必要はない。失敗したとてその場でべストの選択をしたのなら、それはそれで仕方がない。世の中は不測の出来事があり、運・不運は常についてまわるからである。しかし「決断しない人は、最初からリーダーの資格がない」と考えている。「より高度な楽しい人生を送りたいなら、決断から逃げてはならない」という教訓でもある。

リーダーになるもうひとつの素養は、「知に対する愛着」であろう。新しい知を吸収し、リーダーシップを発揮する中で新しい知を活用する。それが楽しい、と感じられなければならない。前章で登場したような、定年後に新たな資格や学問に挑戦する人々は、それが楽しいからするのである。新しい知識・知見を得る楽しさを知った人は、すでに一生楽しく過ごせるレベルに達しているものなのだ。

最上位の層、「自己実現」は、マズローの充足レベルでは、仏教で言う「悟りの境地」のようなものと考えられる。物質的不満を克服し、人間関係に不満を持たず、それでいて存在するだけで自然に役割・地位がついて回る。しかし「それらを上回る人生哲学や世の成り立ちを知る」という、わからない人にはわからない――筆者もわからんかもしれない――レベルである（と思う）。

「欲求がないのが悟り」であるはずにもかかわらず、欲求充足とは何じゃ、と言われるのはその通りであるが、マズローの考え方はおそらく「自分を知りたい」という欲求を充足した結果としての悟りなのだと理解している。その結果、その他多くの欲求から切り離されることができたのだろう。

楽しさのヒエラルキーにおいては、しかし、人生を悟った上でそれを世に発信し、「積極的に世の中を変える」ところまでを最高レベルの楽しさとする。

長々とヒエラルキーの解説をしてきたのは、新たな「知」を発進する楽しさを理解してもらいたいがためである。そしてクリエイティブ・シニア層には、それを行なってほしいのである。結果はどうあれ、チャレンジしてほしいのである。

「人生最大最上の楽しさは、知の発信（と、そのプロセス）にあり」。これが本章の結論となる。

†コラム　IRのコンセプト

バブル景気のとき、少々ばかげたお金の使い方をした人たちがいたと述べた。それ以外の大金を手にしたうちの何かしらの割合の人々は、その余分なお金を将来に備えて貯めていた。銀行の口座かもしれないし、タンスの中かもしれないが、老後の資金や家族らへの援助も含めて、不安定な将来に備える人は少なくなかった。

ずっと「遊び」や「余暇文化」を研究してきた筆者としては、あまり遊ばずに仕事ばかりやってきたこの世代の人々に、もっともっと楽しい人生を送ってほしいと考えている。楽しさのヒエラルキーの3段目以上に達するか否かはわからないが、経済的余裕があれば、2段目くらいには多くの人が到達するだろう。その点で蓄えは悪くない。

2016年12月、一部の新聞・メディアが蔑みを込めて「カジノ法案」と呼んでいた「IR法案（正式には「特定複合観光施設区域の整備の促進に関する法律」案）」が衆・参両院で可決され、成立した。

その法律は一般的に「基本法」と呼ばれる法律で、その中に「1年以内に実施するためのより具体的な法律（「実施法」）を上程すること」を規定しているが、衆議院の解散（2017年9月末）などで少し遅れがでており、これを書いている2017年12月の時点でまだ実現に至っていない。2018年の通常国会には提出され、審議されることとなろう。

予定しているIR（Integrated Resort／統合リゾート）が「カジノ合法化」を含むことから、頭から悪いものだと決めつける人が多く、それらの人々を中心としてIRの内容を知らない人がほとんどである。批判する対象を知ろうともせずに批判する態度は、日本人の恥ずべき習慣のひとつであろう。

筆者はかつて、「タンス預金が世に出るのは悪くない」と発言したことがある。ある議員がその言葉尻をとらえ、「IRは老後の貯えまで狙うのか」という趣旨の発言を公の場でした議事録を最近目にしたので、それにつき説明しておこう。

まずもって、銀行でなくタンスの中に現金を保持している人の多くは、それを知られたくない人々——その現金の出処を明かしたくない人々——が多い。むろん全員とは言わないが、比較的裕福で、銀行口座のプラス・アルファとしてタンスに持っているのであり、老後の細々とした積み立ては問題ないなら安全な銀行に預け、タンスの中にあるケースは少数派である。その点で、タンス預金と老後の貯えを同一視する物言いは強引すぎる。

筆者が意味するところの「タンス預金」とは、「お金を多く持っているがあまり使わない人々」をシンボリックにターゲットとしている。日本にはタンスなどに封印されて使われない——流通しない——現金が100兆円あるそうだ（2016年末の財務省の数値）が、それらの1%が市場を巡回するだけで、かなりの経済的刺激となりうる。IRは使われない現金を世に出すひとつのチョイスとして提供できる余暇活動のひとつ——しかも海外の実験で有効性が有力視されているチョイス——なのである。

ニセ経済学者らが、こぞって「IRができると、既存の店や企業が食われる」といった論調（その学者らは「カニバリゼーション」と呼んでいる）で、IRの経済効果は薄いとのたまうが、IRが新産業であることをまず理解できていない。たとえば日本のIRがお手本のひとつとするシンガポールの「マリナ・ベイ・サンズ（MBS）」には、ジョブ・デスクリプション（職種）が900近くあり、その3分の1ほどは日本に存在しない仕事である。

「レストランなどすでにあるものは、客を食われるではないか」とも主張するが、我々の（まともな）世界でそれを「自由競争」と呼ぶ。同じ1000円でより望ましいものが食べられるから新しいレストランに行くのであり、それにより、より高い経済的価値を得るのは客としての大衆である。そしてそれは良いことであり、社会発展の原動力でもある。

などと正論を言い続けても、連中は聞こうとはしない。そもそも反対するのが目的であり、手段は問わないからである。

第三章

民間パワーは権威を駆逐していく

†民間のパワー――まぼろしの邪馬台国

本章は民間の素人と、権威ある玄人（単にその「ふりをする」人々も含む）の対比を試みるつもりでいる。世の権威者たちは「少々イバリすぎだ」と考えているからである。

逆から言えば、「民間パワーは圧倒的にすごい量があり、場合により質的にも玄人の研究レベルを凌駕する内容をもつことすらある」ということである。にもかかわらず、それらが正当に評価されることはあまりない。特にこの日本という社会――多くの中身のない権威者がイバリちらす社会――において、その傾向は著しいと感じるのである。

『まぼろしの邪馬台国』という著作が登場したのは、1967年のこと。九州（長崎県）在住の宮崎康平によるもので、その後長く続く（昭和版）邪馬台国論争――ヤマタイコクはどこにあるか――の口火を切った本として、つとに有名である。

中国の正史のうちのひとつ、『魏志』の中に、俗に「倭人伝」と呼ばれる文献がある。3世紀頃に中国から日本を訪れた使節団による記述（報告書）があり、日本の邪馬台国の卑弥呼なる人物に会うまでの行程が記録されている。（良き時代の）役人らしい几帳面な記録であり、歴史的にかなり信頼するに足るものであって、それが実際にあった話であることは、ほぼ間違いないと考えられている。

問題は、その記述どおりに進むと海の中に出たりすることで、距離か方向か、またはその他の部分で、何らかの謎が残る点にある。地名は多くが変わってしまっていて、決定的な手掛かりが少ないこともあり、邪馬台国の正確な場所は、現状ではいくつかの「有力な候補地」といったレベルでしかない。

出土した証拠も解釈が難しく、主として邪馬台国が九州のどこかにあるとする説（九州説）と、奈良県かその周辺ではないかとする説（畿内説）を二大説とし、その他の地の可能性も指摘されるなど、現在も論争が続いている。

宮崎康平が魏志倭人伝を解釈するずっと以前から、魏志倭人伝の記述自体はよく知られており、その道の研究者もいくつかの見解を開示していた。しかし世の中にその存在を大きく知らしめ、日本中の関心を集めるきっかけが、『まぼろしの邪馬台国』であったことは間違いない。つまり大御所たちが（一般人は）誰も読まない論文を出しているとき、世の中にこの問題を投げかけた研究者は、過去の実績がほとんどない民間人であったわけである。

『まぼろしの邪馬台国』が出版され、ブームになってからのこと。マスコミを通じて「そんなことは、もともと知っとるワイ」などといった揶揄が、その道の権威者とされる人々から出されたと聞いている。この種の「その道の権威」たちは、枝葉末節な間違いをことさら取上げあげつらい、「これだからシロートは困る」などと威張りちらすものであることは、筆者も経験上よく知っている。[*6] シロート云々は負け犬の遠吠えである。最初に勇気をもって世に打ち出すことが、より重要なのだ。

†偉大なる素人

各地域に残る伝承や遺跡に関しては、その地方に住む人々の方が、普通よく知っている。地元のサークル活動内で共有される常識は、その人々がいなくなると消えてしまう可能性があり、今のうちに文章、写真、映像などで残されることが望ましい。地元の人々が種々のサークル活動を行なうには、拠点として情報を集約する場が必要とされる。

筆者が学長を務める大阪商業大学は東大阪市にあるが、ここは古くからいろいろな歴史の舞台として知られた土地でもある。大学にできることは、まず「拠点を提供すること」であろうという理由で、大阪商業大学内には「河内の郷土文化サークルセンター（以下「サークルセンター」）」という部屋を提供した。そこでは必要に応じ専門の職員も配置するなど、各種情報のとりまとめなどを手助けしている。

サークルセンターの活動内容は優れたものであり、出版物も多くある。ただすべての自治体において、このような拠点があるとは限らず、拠点はあっても高齢化が進み、活動が若い人たちに継承されていないケースも多々ある。「貴重な知識が失われていくのを、指をくわえて見るだけ」のところも少なくないのが現状である。それは日本文化全体にとって大きな損失と言ってよいだろう。

その道の研究者や泰斗《たいと》と呼ばれる人々は、まず特定理論から入って、現実をそれに当てはめようとする傾向がある。自分の理論を信じれば信じるだけ、他の可能性を否定し、本来なら考慮すべき事柄も切り捨てられたり、無視されたりする可能性が高まるのである。

この傾向が起こるひとつの理由は、学会などに提出される論文のほとんどが、その形式――つまり理論が始めにあり、それを補強・証明しようとデータを集めたり、分析・論証したりするやり方――をとるからであろう。

先に理論があり、それに従って観察やデータ収集を行ない、整合性（あてはまりの度合）をチェックする。そして既存の事実と照らして無矛盾であることをも示せるなら、その理論は正しい可能性（蓋然性）が上昇し、類似の論考が増えるに従って、皆が「どうや

＊6　たとえば「ギャンブル依存症」として知られる概念（および用語）は、1996年に筆者が『ギャンブルフィーヴァー』という著書で世に出した。精神科医らは、「そんなもん常識だ……」等のコメントを出したものだ。ずっと無視していたくせに。

ら事実であるらしい」と考え始めることになる。

このような一般化プロセスを我々は「演繹的アプローチ」と呼んでいるが、論文はこの形式をとらなければならないと考える人が多いのである。

研究者・学者の事実解明に対する演繹的アプローチに対し、もうひとつの一般化の方法は「帰納的アプローチ」と呼ばれる。高校までのカリキュラムで、「数学的帰納法」という証明の方法論を学んだ方々もおられようが、それと同様に、いくつかの小さな事実を前提として、それをもとに、より大きな理論に発展させるのが、帰納的アプローチという方法論である。

たとえ完成形の論文が演繹的アプローチで書かれていたとしても、実際の発見や新理論のきっかけは、帰納的アプローチによることが多い。

†帰納的な知の集積

まず身の回りの観察により何らかのヒントを得る。いくつか起こった異常（と思われる）現象の観察でもいいし、「××という事象の前に必ず△△があった」という経験則でもいい。それらに無矛盾の共通項を探すことで、全体像がおぼろげに見えてくることがあるもので、その全体像を科学的・客観的な言葉で表現できるなら、それが仮説、さらには理論というものに昇華するわけである。

新しい知識を発信する民間人パワーは、主としてこの帰納的アプローチを中心とすることが多いようだ。自分の身の回りで起こっていること、その地に住んでいないとわからないことなどをまとめ、一定の背景的考察を加えて世の中に発信する。その考察をまとめるにあたり、その原因となりうるものや事象に関する、なるべく多くの共通項を探し、可能なら理論化を試してみる。つまり観察から入り一般化への道筋を考える、帰納的なアプローチが中心である。

研究者・学者（玄人）と民間人（素人）とでは、一般化（記述）の手法は表面的に異なるにせよ、実は似たようなことをやっている。研究者の演繹的手法は、論文の形式として「文法的に正しいやり方と考えられているからそうしている」だけのことで、ほとんどの研究者・学者は、世の中の観察から興味をスタートさせている。その上で共通項に着目し、観察されたすべての事象を無矛盾にうまく説明する理論を仮定する。データを集め、どうやら正しいらしいと考えた時点で、あたかも先に理論を思いついたかのように書くだけのことである。ずるいでしょ。

民間人の知の発信は、帰納的なもので充分だと考える。「この地にこんな物がある」、「私はこんな（人々が知らないような珍しい）経験をした」、「私はこのテーマに関し、こんな考えを持っている、なぜなら……」などなど、別に大所高所からの演繹的な理論でなくとも、世の中の役に立つ知の発信は、いくらでもありうるはずである。

民間人パワーの利点は、専門家なら慎重になりすぎて躊躇するレベルの事を言うことができ、かつ理論などをあまり気にする必要もない点にある。その論調のすべてが正しいとは限らないが、そんな中に専門家が思いつかない（思いつけない）観点が含まれることはザラにあり、それらはめぐりめぐって、「新たな知」を作り出すかもしれないのである。たとえ論調の一部もしくはすべてが間違っていたとして、それがどうだというのか。ある論が「完全に否定されることもまた、学問の進歩には欠かせないことだ」と割切ることであろう。これぞ素人の特権みたいなものである。

†権威者の底の浅さ

今の日本社会の大衆は、「権威者としてイバっている人々の底の浅さ」をすでによく知っているきらいがある。間違った論調が、ネットなどを通じてすぐに知れ渡る時代となった昨今、いわゆるその道の権威（玄人）とて「ひと皮むけば、たいしたことはないな」と、素人サイドが感じ始めたのではないかと考えている。

2011年3月に起こった地震と、それに続く津波で、東京電力の原子力発電所は、壊滅的打撃を受けた。そのときの専門家たち——首相官邸で指揮をとっていた国立大学出身の自称専門家も含む——の右往左往ぶりと、その後のはずれまくった予想と、何よりおそまつな対応は、専門家集団の底の浅さを知るひとつのきっかけであったろう。そもそも専門家集団は別の地域の地震を警告し、東北沖に関しては、ほぼ何も言及していなかったのではなかったか。

特に政治家たちの対応は、目を覆うばかりの失態続きだった。それは政権側（当時の民主党）のみならず野党も同じことが言える。というより、現在では「言いっぱなし」ぐせの治らない野党の言動に、大衆から不信の目を向けられていると考えてよいだろう。

学問の世界において、民間パワーが力を発揮するかたわら、権威ある人々や団体がパワーを失いつつあるという論はおそらく正しい。そんな例は、本がもう1冊書けるほど思いつくが、冗長になることは避けたいので、パワーを失いつつある形態の代表として、ここでは3項目だけ挙げたいと思う。

その3項目とは、⑴（不作為も含めて）印象操作をする「マスコミ」、⑵人気急落する現状から目をそらすために政治的活動を続ける団体、特に「日弁連」、そして⑶学問の砦、特に「大学（および学会）」である。

†マスコミの失墜

少し教育を受けた人ならば、マスコミが表面的に中立を標榜していても、その実何らかのスタンス（偏向）を持っていることくらい知っているはず。しかしむかしの新聞やテレビなどのメディアは、少なくとも今よりずっと信頼されていたのもまた事実である。

マスコミへの信頼感が薄れはじめたのは、昭和50年（1975年）頃ではないかと推察する。それ以前マスコミの多くは、1960年、1970年に耳目を集めた「日本とアメリカ合衆国との間の相互協力及び安全保障条約（日米安保条約）」に反対の論調を続けていた。のちに「冷静に考えてみると、この条約は必要だ」と思う人々が増え始めたのは、特に教育を多く受けた人々の間においてである。つまり「あの左翼思想による反対は何だったのだろうか」と問い直す知的レベルを持った人々である。中国や北朝鮮礼賛記事が、「どうやら真実からかけ離れていたらしい」とわかりはじめたのもこの頃である。その後朝日新聞などが、南京虐殺事件や従軍慰安婦問題に関し、海外のプロパガンダを垂れ流していたことが発覚し、あれやこれやで一部マスコミの権威はかなり低下したわけである。

ケータイやスマホによって、いろいろな新聞の記事がすぐにチェックできる時代となり、特定の新聞があえて無視したり、目立たない最小の扱いにする「不作為的記事」も、以前に比べ、すぐわかるようになった。「なぜ特定新聞が特定の種類の事件を報じないか」ということを人々が考えるようになったのである。

これを書いている2017年5月、作家の百田尚樹が「一橋大学で予定していた学園祭の講演」をキャンセルされた。産経新聞の記事によれば、百田氏が右寄りの発言をしていることに対し、大学に匿名の抗議が何件か寄せられ、主催者側は中止を決めたという。他新聞やメディアの扱いは、ごく小さいものか、まったくなかったかのどちらかであった。

このニュース、講演者の右寄り左寄りのスタンスが逆の立場だったなら、各新聞の取扱いがどのようになっていたのかを考えると、けっこうおもしろい（おもしろいが、本題から離れるのでやめておく）。

この例が示すように、ある記事を大々的に取上げる以外に、ときとして「わざと取上げない不作為による意志表明」もある。スマホなどの記事を検索せず、一紙だけを購読している人には、わからない世界もあるわけであるが、情報ソースの限られたむかしの方が、より操作されていただろうことは間違いない。朝日新聞が、安倍首相と加計学園理事長との交友関係を問題として提起したとき、記事の方向性に不利な証言――加戸愛媛県前知事の国会証言――は記事にせず、新宿の「出会い系バー」に通っていたことを女性の貧困の調査と言い張る前川喜平文科省前事務次官の証言だけを大きく取り上げて、ヒーロー扱いしたのもそんな例のひとつである。[*7]

今やマスコミが勝手な思惑で動いていることを多くの人が知っている。それと共にマスコミのかつての権威は下落しつつあるが、いろいろな媒体の比較の中で起こっていることだとすれば、（筆者に言わせれば）良い傾向である。

†日弁連の失墜

弁護士はかつて、高いレベルの尊敬を集めていた。難関試験のひとつ、司法試験をくぐり抜けた者だけがなりうる職業として、認識されていたからである。

ところが、マスコミなど（特にテレビ）でかなりアヤシゲな弁護士が「明白なウソ」を振りかざすのを見るにつれ、「なんとなくウサンクサイ職かも……」と捉える人が増えたのだろう。かつてほど尊敬される職でなく、権威も低下したようだ。

弁護士たちの間でも議論――つまり意見の対立――があったことで、今でも大きな問題として取り上げられるのは、「弁護士は正義と依頼人のどちらを優先させるべきなのか」という問題である。わかりやすく言えば、依頼人のためにウソをつくことが求められているのか、ということだ。

刑事事件に限定しよう。刑事裁判では、もともと立場の弱い個人を「国家権力の濫用から守る」――つまり検察側、司法行政側が適正な手続きを守らないとき、被疑者の個人の権利を知る専門家として指摘し、個人の権利を守る――ことが弁護士の仕事の第一目的であった。それを離れて、本人の責任能力を偽り、黙秘を奨励し、強引な屁理屈で「黒いものを白だと強弁することが、職業上求められている」とすれば、それは正義の完遂という目的とは相容れない姿となるわけである。

　これを書いている２０１７年夏、青酸系毒物により何人もの夫を殺害したとして起訴された、筧《かけい》千佐子の裁判が始まった。「本人は認知症である」との主張が弁護側からなされている状況である。弁護側は「昨日しゃべったことを覚えていない」――証言はコロコロ変わる――状況だと主張したいようだが、毒物を置いた場所や使用方法だけは、はっきりと間違えなかったという（本当の可能性もあるにせよ）ヘンな認知障害らしい。専門家ではないのでそのあたりはよくわからない。

　弁護士全員が入会することを義務づけられた組織が、「日本弁護士連合会（以下「日弁

＊7　評論家の桜井よし子らが調べたところによると、この日国会で証言した2人の証言に関し、7月10〜11日に各マスコミが報じた時間は、前川喜平の発言2時間33分46秒に対し、加戸守行の発言は6分1秒であった（「月刊Ｈａｎａｄａ」２０１７年10月号、75頁）。

連」)」である。この団体はたびたび政治的な言動を行なうことで知られている。最近も「死刑廃止」、「自衛隊の国際貢献に関する法への反対」、「共謀罪に関する構成要件の変更への反対」などを機関決定していたが、形式上の瑕疵《かし》はないにせよ、全構成員のごく一部(数パーセント以下)の決議によるもので、反対も多い中での決定・発表であった。

司法が三権分立の一翼をになう立場にあり、高度な独立性を認められているのは、その違法性・適法性の判断が、他の二権(立法・行政)に影響されないためだ。にもかかわらず、自分たちは立法府や行政府に対し意見を言い、影響を与えて恥じないなら、それは根本から間違った考え方である。同様の一部のメンバーによる強引な政治発言は、たとえば作家の集まりとして知られる「日本ペンクラブ」でも見られることであるが、本来の目的から離れていくことで、長期的な名誉と権威はどんどん低下していることを知った方がよい。

アメリカでは、弁護士という職業はジョークの種――かなりウサンクサイものとして――の代表ですらあるが、日本もアメリカに追いつく勢いであるのは間違いない。先進国に「追いつけ追い越せ」か?

「象牙の塔」と揶揄《やゆ》されることのある「大学」は、たとえそのパワーが下落傾向にあるとしても、現在に至るまで「知の殿堂」として人々があおぎ見る「知の拠点」であることは間違いない。特に大学数が少なく、大学教授もまれな時代においては、その権威は大いなるものがあった。

量の拡大が質の低下をもたらすのは、どの世界でも同じこと。別に大学に限られた話ではない。しかし大学と大学教授の権威の下落は――もともと高い位置にいたこともあって――極端なものに見える。

多くの事象に関し、大学教授らの見解を聞く機会が増え、人々が気づき始めたことは、「大学の先生といえど、見解はバラバラなんだなあ（たいしたことないんだなあ）」という素直な感想であろう。たとえば先ほど触れた原子力発電の事故対応や必要性、地震の予知、憲法（法律）の解釈、歴史の評価、経済活性化策、政治情勢、健康に関する基本などなど、正直誰を信じてよいのかわからない時代である。

論文作成や研究における不正事件――STAP細胞事件や、東大の医療関連不正など多数――が、権威失墜に拍車をかけ、ついでに大学への官僚の天下り問題や許認可問題なども起こり、大衆をして「こいつら何やってんだ」という思いだけがつのってゆく。

文科省から大学への天下り自体は、（筆者は）悪いとは思っていない。教育行政をリードしてきた者が、経験をふまえて大学で教鞭を執ったり、事務を効率化することは、ある意味で望まれており、必要なことであるとすら言える。このようなポジティブな天下りはさておき、ケシカランもの――既得権としてのポストなど――があることは事実である。

大学の権威を低下させるもうひとつの要因は、「そこらへんのオッサン・オバサン」が、突然大学教員の肩書きを手に入れられるという昨今の風潮であろう。論文の一本もないタレントが、突然大学でモノを教え始める。きのうまで新聞記者をしていた人間が、今日は大学で教えている。まさに「猫」や「杓子《しゃくし》」が（正式な肩書きではないとしても）大学の名前の入った名刺を配る世界を見ているからこそ、大学の知を疑問視する人も出てくるのであろう。かく言う筆者も、そうした傾向に甘んじる大学の人間のひとりであることは、認めざるをえない。

今や大学は象牙の塔でなくなったと考えることはできる。その代わり、かなり劣悪な「半レジャーランド」化したところもあることは事実。あれやこれやで、大学の権威の失墜は日本の将来の国力を低下させてしまう可能性が高い。

†浮上する民間研究の価値

どこもかしこも権威が減っている世の中で、当然ながら権威が増えたカテゴリーもあってしかるべきである。権威が向上した代表として、まず民間研究者を挙げるのは本書の責任である。

個人、民間、市井の人々……。なんと呼ぼうと、権威が増えた代表は、いわゆる「普通の人々」であろう。ネットで耳目を集めるブログや動画を投稿する人々の中には、小さな範囲であってもカリスマ的な尊敬を集める人が多くいる。あえてプチ・カリスマとでも呼ぶべきこの人々は、むかし雲の上の人々だった（が、いまはあまり見かけない）本物のカリスマに代わりつつある。プチ・レベルであっても絶対数は多いので、それだけ身近なところにカリスマが存在する。それが今の世の中となっているのである。

民間の研究能力も向上が著しい分野のひとつ。特に団塊の世代で充分な教育を受け、執筆の意欲を持っているグループは、大いに権威が向上しつつあるし、これからもっと伸びるだろう。これは確信である。

伝統的に権威があった肩書きの人々の力が低下し、民間パワーが代わって上昇する。この傾向はこれからも続くであろうし、ますます加速するものと考えてよい。民間パワーの上昇は、個人でもできるであろうし、実際なされているが、もし仲間たち（志を同じくする人々）がおれば、より心強い状況であり大きな力を発揮できる可能性が高い。

スタート時は独学が基本である。いやスタート時に限らず研究に勤《いそ》しむ人は皆、独学で行なうのが基本と考えてよい。しかし同じ、もしくはよく似たテーマを研究する同好の士が見つかれば、その研究内容は相乗的に深みを増していくはずだ。というわけで、仲間に関する話をしよう。

†「ブレイン・ストーム」的習慣でアイデアを捕まえる

仲間たちとの定期的会合は、本人が持つ知の範囲を動かす。あるトピックにつき、皆でああでもない、こうでもないと話をする行為を俗に「ブレイン・ストーミング」と呼んでいるが、そんな高度なレベルでなくとも、普段の会話の中に巨大なヒントが隠されていることがある。

会話の中で何かが頭の中でひっかかったときは、必ずメモを忘れないように。前にも言ったように、そのメモはキーワードだけでよく、将来必ず目にするところに書いておくのがお勧めである。むろん何の役にも立たない可能性もあるが、人間の潜在意識は「何かに書いた」という記憶だけでも、前向きに新たな道を拓くものだ。ブレイン・ストーミングで聞いたキーワードが、将来大きな実を結ぶ可能性を決して低く見積もってはならない。

キーワードを、いつも見る鏡の周りにベタベタと貼り続けている東京在住の友人がいる。今は少し大きめのポスト・イット（はがれるノリのついた付箋）があるため、色ごとにトピックを変えたりもできる。顔を洗うたび歯を磨くたびに潜在意識が何かを探すわけで、一種のKJ法（文化人類学者の川喜田二郎による、考えをまとめる方法論）のようなやり方である。ただKJ法のようにあえて分類する必要はなく、単に貼っておくだけで充分役に立つ。

†「質問する力」の相互作用

仲間からのインプットが自分の役に立つなら、逆もまた真であることは自明だ。仲間が抱えるトピックやそれに付随する問題を考え、可能な限りヒントを与えるのは、当然の義務だと考えてほしい。そしてそれは将来の自分のテーマに何かのヒントを与えることもある。

そのヒントは、ダイレクトなものでないケースもある。多くのケースで仲間に対する質問が、その人にとってのヒントとなるものなのだ。逆から言えば、質問する側も一定の力量が必要となる。これは同好の士が集まってこそ可能となるレベルと考えてよい。

「どのレベルの質問ができるのか」という事実は、尋ねられる側をして、その質問者に対する対応すら変える。そんな気はなくとも、何も知らない素人から、同じ質問を何度も受けるのは少々わずらわしく、知らずにぞんざいな対応をしているかもしれない。もしそうなら反省すべき点ではあることは認めるが、聞く方にも少しは責任があるだろう。

筆者は若い頃から、分不相応とも言えるビッグネームに会ったり、インタビュアー（聞き手）を務める機会に恵まれている。商売柄、米長邦夫、羽生善治、谷川浩司といった将棋界、井山裕太、大竹英雄、加藤剣正といった囲碁界など、ゲーム団体には知り合いが多いが、それ以外にも、梅棹忠夫、堺屋太一、二子山親方（元大関貴ノ花）、コシノ・ジュンコといった方々ともおつき合いさせてもらった。むろん政治・経済・大学関連の知り合いもハンパな人数ではないが、そんなことはどうでもよい。

ここでは「知己の広さだけでは何の意味もない」ことを言いたいのである。それよりも少数の「同好の士」こそが人生の宝となるだろう。

むかしあるとき、梅棹忠夫の聞き手を務めることが決まったとき、あたりまえと言えばそれまでであるが、手に入る限りの梅棹忠夫の著作類を手に入れてすべて読んだ。幸い大学というところには、かなりの分量の本が所蔵されているので、20冊以上集まったのを覚えている。それからの毎日は、メモを片手にひたすら読み続けたのである。「せっかく知の巨人と言われた人に会えるのだから、この機会を利用して自分のヒントにしよう」と考えた、というのはウソ。単に相手の著作を読める限り読まないことは、失礼にあたると思ったただけのことであった。

それ以後、よく知られた人に会うときはむろん、会う人が何らかの考えを発信している人ならば、それをチェックしてから話を聞きに行くことを習慣とした。そして結果的に、相手からプラス・アルファの情報（知）を引き出すことに、かなり役立ったと信じている。「他の人なら引き出せなかった部分も引き出せた（と信じている）」という意味である。

その人の書いた内容を理解していないかぎり、質問は焦点のずれたものとなる可能性が高い。本を集めても流し読みしたり、目次だけを見るのでは――それでも何もしないより、はるかにプラスであるにせよ――その人の思想を理解したことにはならず、相手をうならせる質問はできないものと知るべし。

筆者もメディア媒体の記者たちから質問を受けることがある。そんなときにツボを押さえた質問をする者に対しては、ついサービスをして、多くしゃべる傾向にあることを認めよう。「オヌシ、よく勉強したな、よしよし」という感覚であるが、10人にひとりおればラッキーと言えるほど数は少なく、たいていはわかり切った説明からスタートすることになる。それがゆえにこちらが質問する側になったときは、一定の礼儀が必要と考えるのである。

蛇足であるが、質問するために勉強したことが、のちの筆者のトピックのいくつかに反映、もしくは少なくともポジティブな影響を与えていることは間違いない。これも役得のプラスの効果である。

†事実とは何か

権威ある人が主張するから、それが事実たりえるわけではない。事実とは、長い時間をかけて追加的な検証に耐え、反証が現われない状況が続き、一般に受入れられることによって認知されるのである。ここにおいて重要な点は、今まで反証が出なかったからといって「将来にわたって反証がない」とは限らないことにある。

それでもその時代の専門家たちに認められたものは、「事実（de facto）」として共有されることになる。ただし社会科学における事実は立場によって別の側面を持つこともある。

犯罪を立証するとき、検察側は起訴した内容につき「被疑者がそれを犯した」という証拠を提示しなくてはならない。その証拠は「100％有罪」というレベルに達するものでなくてはならず、かつそれらの証拠は適法な手続き――「デュー・プロセス（due process）」という――によって集められ、保存されたものでなくては無効となる。

たとえば、最近のいくつかの判決によれば、被疑者の車に勝手に取りつけられたGPS装置の記録は、公判における証拠能力が否定されたことがある。被疑者が犯行現場へ行ったことは、明白（事実）であったにもかかわらず、その記録は証拠として認められなかった。元アメリカン・フットボールのスターであったO・J・シンプソンが、妻を殺害したたか否かを争った事件では、「警官が血のついたナイフを拾うときに、令状なく庭に入った」という理由で、そのナイフは証拠から外されたりもしている。血だけでなく指紋までついたナイフは、検察が主張できる事実としては、存在しないことになったのである。

ここにおける事実とは、「刑事裁判ルール上の事実」である。強制的な捜査権を持つ権力側（公）が、防衛手段の限られた個人（私）を相手として訴追するにあたり、個人が不当なハンディを背負わないで済むように、公判上のデュー・プロセスが法廷バトルのルールとなっているのである。

もう少しわかりやすく言えば、犯罪立証の挙証責任はすべて検察側にあり、弁護側は検察側の提出した証拠が100％のレベルに達しないことを指摘できれば、有罪は立証されず弁護側の勝ちとなる。疑わしいレベルが50％であろうと、99％であろうと、100％でなければ無罪である。裁判官（および裁判員）の仕事は、起訴された犯罪につき、検察側がデュー・プロセスに従い100％レベルで証明できたか否かを判断することであり、弁護側は「やっていない」ことを証明する必要はない。強力な現場不在証明（アリバイ）でもない限り、やっていないことを証明するのは、そもそも無理が多いのである。

裁判におけるデュー・プロセスの例のように、社会における事実とは、少々アーティフィシャル（人為的）な側面を持つことを知っておいてほしい。

†事実の一般化

自然科学とは異なり、社会的事実は実験室などでピュアな状況での確認ができない――つまり社会背景は常に変化し、同じ状況は存在しない――ため、100%というレベルでの確認はかなり難しい。

社会的事実は、100%レベルで証明することが難しい（ほぼ不可能）代わりに、否定することも同様である。そして100%否定しづらいということが、ある種の悲劇をもたらしているのではないかと考えている。明らかなタワゴト（「ある宗教で、ある人物が奇跡を行なった」といった類）ですら、それを否定することができないということによって、一部で信じられ続けるようになっているからである。

社会科学における事実の確立は、蓋然性《がいぜんせい》の世界でしかない。特に本書の読者の方々は、どちらかといえば自然科学より、社会科学に関する知的成果を求めるケースが多いため、あえて項目を設けているのであるが、社会現象は証明したいと思ってもなかなか証明しきれるものではない。「私は本書で、×××のことを完全に証明した」という宣伝文を見かけることがあるが、それは本人がそう考えているだけ。強い思い込みに過ぎないことでも、本人の確信が間違っているかもしれないという自覚のないケースが殆どである。こうした間違いを犯さないようにするには、まずは事実を客観的に判断する方法論が必要となる。その方法論については、次の項目で述べるつもりであるが、その前に「社会的事実の一般化」についての話を片づけておこう。

†どうやら真実・事実らしい

社会的事実（主として仮説や理論）が、世の中に「どうやら真実／事実らしい」として受入れられるには、次の何点かが明瞭になっている必要がある。

- 原因と結果（因果関係）が論理的に説明されていること。そしてその説明が常識に照らしてうなずけるものであること。
- 社会内における経験をふまえ、その因果関係がある程度証明されていること。
- 矛盾もしくは否定される状況が出現したとき、それが予期せぬ別の要因によるものであることを明白に説明できること。
- 別の理論や仮説では、今のところ説明されていないという状況であること。

たとえば「通貨供給を3％増やすと、3ヶ月後には失業率が○○％下がる」という理論があったとしよう。それ自体を実験するなら、政策的に通貨供給を増やすことが近道に思えるが、以前にも述べたように、次の3ヶ月に何が起こるかは不明である。大きな自然災害があるかもしれないし、市場に影響力のある海外の大統領に、思想的に偏った人間が選出されるかもしれない。同じ歴史設定は二度とありえないからである。

とはいえ、同じような政策をいろいろな国でくり返し、結果として（平均して）失業率が何パーセントか下がったと仮定するなら、その理論は、どうやら真実／事実らしいという蓋然性は高くなってゆく。たまたまうまく機能しなかったケースに、きちんとした論理的な説明ができるならなおのことである。つまり社会科学における一般化とは、蓋然性を増やした状況で、多くの研究者たちに「どうやら事実らしい」と言わしめるレベルまで、蓋然性を高めることと結論づけてよさそうだ。

おそらく読者の方々に関心の深い、歴史的事実についても、理論・仮説と解釈の違いこそあれ、同じことが言える。ただし歴史的事実は、実社会でくり返すことが不可能であるため、水掛け論的にお互いに証拠の少ない主張をくり返すことはよく見かけることである。そのケースでは「どちらにより説得力があるか」ということになってしまうのであるが、説得力のある側が正しいとは限らない。

†客観性の保持

主観による思い込み――つまり持論への固執――はよく起こる。それはアマチュア研究者にだけ起こる現象ではなく、大学レベルの研究者・学者にも起こることである。

研究者・学者の世界には、ある程度の客観性・正当性をチェックする機能があり、荒唐無稽なものは、公表・公刊される前に待ったがかかることがある。そうでないケースもあるにはある。商業的に利益が計算できる出版物なら、中身に関係なく公刊する出版社など、世の中には掃いて捨てるほど存在するからである。先ほど登場した「宗教的タワゴト」なども、その一種と考えてよい。タワゴトでも売れるならビジネスになるからである。

完全ではないにせよ、研究者・学者の世界で一応、客観性・正当性を保持するために行なわれていることとして、「ピア・レビュー」と呼ばれる論文の相互査読システムがある。ピア・レビューは、客観性・正当性確保には欠かせないシステムであるが、それだけで済ませているわけではない。より重要なものは、「方法論」と呼ばれる研究者・学者の共有の知識であろう。方法論は「共有の言語」とすら言ってもよいほど、論文――特にデータを扱う場合の論文――を書く者たちにとっての必須の知識である。

方法論については後述するとして、一般的に、客観性の保持に役立つと思われるのは、次のいくつかのチェックを行なうことである。

まずひとつめは、「仲間に読んでもらって、批判的にコメントしてもらう」こと。自分では気づかない我田引水的な部分も、他人にはわかることが多いため、同好の士たち、仲間たちに読んでもらうことは、進んでやるべきことである。

ふたつめとして自分で、「その文章を批判してみよう」と考えながら読むことも役に立つ。自分が別の立場なら、どの部分に疑問を呈するのかを考えるのである。

次に、3つめとして、もし自分の論が正しいなら、次に何が必要かを考える。補強証拠として、「(仮説が正しいなら)将来こんな状況が観察されるはず」、「こんな物が発見されてほしい」といったことを開示しておくのである。のちにそれが本当に見つかることもあるだろうし、否定材料が出てくることもあろうが、いずれにせよ学問の進歩をもたらすだろう。少なくともそれらの証拠は、見つかった早い機会にあなたに知らされるはずであり、ことによると新証拠の研究チームに誘われることもある。

最後にお勧めするのは、社会科学の「方法論」を紐解くことである。研究者・学者の共有の言語を詳しく知ることは、自分に欠けている部分——論理構成や統計分析など——を知ることに通じるだろう。また自分の「論文を投稿するための条件を知る」ことにも通ずることだろう。

社会科学の方法論とはどのようなもので、それがいかに重要であるかを示すため、この後ひとつの例を示そう。方法論を駆使すれば、「恣意的《しいてき》に数字を作り出すことすら難しいことではない」ことの実話である。厚生労働省(以下、厚労省)が2014年夏に出した、人騒がせな（ケシカラン）記者発表（「ギャンブル依存疑い536万人」朝日新聞8月21日付）を批判的に論評する。

知的生産の果実として「論文」の執筆を考えている人は必ず読んでほしい。

†方法論の一例——反面教師としての厚労省の研究

本書が刊行される時点で通過しているか否かはわからないが、いわゆる「（カジノを含む）IR法案」は、昨今のホットな話題のひとつである。筆者および筆者の大学にある研究所（大阪商業大学アミューズメント産業研究所）は、IR法の原案作成にわりと深く関わっている。ここからは発表された数値を客観的に見るポイントの訓練のようなものと考えてほしい。

2014年8月、厚労省の記者発表で使用された図表は何枚かある。536万人がギャンブル依存症である可能性を示したのが「表－1(イ)」で、「表－1(ロ)」は、病的賭博の疑いがある者が「週に1回以上」したことのある賭博等の種類の内訳である。

まずは「表－1」を見て何かわかることはあるだろうか。各自考えてみてほしい。

調査は、まとまった数（7052人に協力を依頼、4153人が回答）を集めて多層二段抽出法という、社会科学方法論で正しいとされるやり方でサンプルを抽出しており、その

【表－1（イ）　ギャンブル依存の推計値（2012年）】

		粗率	年齢調整率	推計数
病的賭博の疑い	男性	8.0%	8.7%	438万人
	女性	1.6%	1.8%	98万人
	合計	4.5%	4.8%	536万人

※年齢調整率とは、人口比による調整のこと

【表－1（ロ）　病的賭博の疑いがある者が「週に1回以上」したことのある賭博等の種類】

種類	男性	女性	合計
パチンコ	51.3	35.1	48.1
スロットマシン、ポーカーなどのゲーム機	19.3	18.9	19.3
ナンバーズ、宝くじ、サッカーくじなど	10.7	2.7	9.1
競馬	10.0	0.0	8.0
競輪	4.0	0.0	3.2
競艇、オートレース	3.3	0.0	2.7
その他（賭け麻雀、カード賭博など）	13.3	2.7	11.2

（注・病的賭博の疑いがある層：SOGS 5点以上の者）

点で調査の概要に一応問題はない。その数値をもとに、人口比などをアジャストして算出した数値が約536万人ということらしい。

しかし表－1にはいくつかの指摘されるべき方法論上のポイントが存在する。

問題のひとつは、「表－1（ロ）に総数（N）が書かれていない」という点にある。この種の図表に総数が書かれていないのは、統計学の方法論のイロハに反している。

そして「表－1（ロ）」の中に、同じ値の数字「2・7」が

【表－2　ギャンブル依存調査の実数】

種類	男性（人数）	女性（人数）	合計（人数）
パチンコ	77	13	90
スロットマシン、ポーカーなどのゲーム機	29	7	36
ナンバーズ、宝くじ、サッカーくじなど	16	1	17
競馬	15	0	15
競輪	5	0	5
競艇やオートレース	3	0	3
その他（賭け麻雀、カード賭博など）	20	1	21
回答数（回収％）	1,875（±11人）（約53％）	2,315（±72人）（約65％）	4,153（58.9％）
［うち SOGS　5点以上］（人）	［150］	［37］	［187］

※この表は、与えられた情報をもとに筆者が作成した予想である。

いくつか登場したことに気付いた人はおられるだろうか。特に女性の数値は、2・7％か、すべてその倍数になっていることが大きなヒントである。

元データを請求しても、なんだかんだと理由をつけて拒否されて、見せてもらえなかったため、別ルート（議員経由）で手に入れた実際の数値は、表－2のようなものであった。表－2を見ると、2・7％は1人を表していることが判明するのである。

研究者・学者が共有する常識では、実数値がひとけた以下のケースは、なるべく独立したセル（升目・枠）を設定しない。よしんば設定するにしても、パーセンテージ表示で済ますことなど決してない。ましてや「1人」のセルを2・7％と表示し、わざわざ（何を考えているのか不明だが）年齢比によってアジャストする――つまりこの年齢層の回答者（サンプル）が少ないときなど、人口比に照らして1人を「1・2人分」などと計算したりする――ことは、うちの学生でもしない。もしやったら、評価はDである。

最終的に女性の成人人口割合によって、ギャンブル依存症のおそれのある者が、女性98万人だと発表することのバカバカしさを考えるとき、この研究者集団の資質として、ふたつのうちのひとつ、もしくは両方の可能性が考えられるだろう。「研究者として共有の言語たる調査方法論的知見を持っていない」、もしくは、「やってはならないことと知りつつ、保身のためなら違反行為をすることも厭《いと》わない」のふたつである。どちらにせよ税金を使って行なわれる調査として、不適格であるのは間違いない。

†期間の設定――レファレンス・ピリオドの問題

サンプル数や抽出方法など、調査の概要自体は問題ないと述べたが、調査の内容にも不明な点、正直言って首をかしげざるを得ない点が存在する。その最たるものは、ギャンブル依存に関する質問の「レファレンス・ピリオド（reference period）」についてである。

レファレンス・ピリオドとは、調査の対象者（サンプルされた人。「パトロン」とも呼ぶ）の経験を尋ねるにあたり設定される、「（その経験のあった）期間」のことをさす。たとえば「先週の1週間、あなたは代価（賃金）のある仕事を1日以上しましたか」という質問なら、レファレンス・ピリオドは、先週1週間に限定される。もし「あなたの人生において……」なら、レファレンス・ピリオドは人生すべてであり、過去に一度でもその経験があるなら、ポジティブな回答をすることとなるだろう。

通常の出来事ならレファレンス・ピリオドは1年間くらいまで、そしてめったに起こらない経験なら、レファレンス・ピリオドはもっと長くなるのが普通であるが、調査の目的、（他人の）過去の研究、ついでに予算規模などによっても多少の影響を受ける。

海外の調査のギャンブル依存のレファレンス・ピリオドは「ライフ・タイム」と「過去1年間」の2種類が多いが、最近は過去1年間の方が多いようだ。

厚労省の「ギャンブル依存、536万人」調査の質問はギャンブルに関し、人生すべての経験を尋ねている。つまり「ライフ・タイム（人生）」がレファレンス・ピリオドであるが厚労省のやった調査のレファレンス・ピリオドは、とりあえず合格ラインである。

問題は、この調査のメイン・テーマが「アルコール依存」に関するものであり、アルコール摂取経験については「あなたは普段、酒類（アルコール含有飲料）を……」といった質問で、1週間から1ヶ月——つまり現在——の状況を尋ねていることである。

「共依存（comorbidity/cross-addiction）」はすべての依存研究においてポピュラーなテーマ

であり、別の依存関連項目が質問されることは、正しい方向性と認められる。ただしそれなら、レファレンス・ピリオドを揃えていなくては、あまり調査の意味がないことも指摘しておかなければならない。なぜアルコール摂取や量は現在の状況を尋ね、ギャンブル行動はライフ・タイムなのか。なぜレファレンス・ピリオドを揃えないのか。

さらにこの調査に使用された質問票には、単にライフ・タイムのギャンブル経験を尋ねるだけでなく、そのはまり度を測定する質問群の前に、わざわざ「あなたが（ギャンブルを）最も頻繁にしていた頃を思い出して下さい」といった質問がいくつか置かれ、ライフ・タイムである点を強調すらしている（専門用語で「キャリーオーバー・イフェクト」と言う）。

ギャンブル依存を解決すべき問題として捉えるなら、「今やめられない／ついやってしまう」のがより大きな問題であって、「若い頃一時期はまっていたが今は大丈夫」な人まで、ギャンブル依存、もしくはそのおそれのある人に含めてしまうことになる。そしてそれを元に、536万人にギャンブル依存のおそれがあるとする報告には賛成できない。

†データの管理と開示

厚労省と、その研究班に対して「谷岡先生は重箱のスミをつつくような文句」をつけている、と考えている人はまだ甘い。ここまで述べた欠点は調査の存立と継続性を無効にするほど致命的なものであり、査読つきの投稿論文であれば、どのひとつのミスでも拒否されるに充分なミスであることを認識してほしい。

しかし、筆者が一番問題とするのは、実はこれまで述べた技術的欠陥ではなくて、この調査関係者たちの「学問の尊厳に対する態度」なのである。長くなりそうなのでわかりやすくまとめると、次の3点に絞ることができる。

(1)データが適切に管理・保存されておらず、かつ研究者らに開示されていない。
(2)研究者からの公の質問に対し、無視を決め込む。
(3)政策を一定方向に誘導しようとする。

2014年6月18日、厚労省の職員が国会議員の質問に次のように答えている、「(厚労省の科学研究のデータによると)日本のギャンブル依存症は、男性が9・6%、女性が1・6%とされたところでございます。数で言えば……」。

この質疑を踏まえて、筆者は2014年6月末に研究者の立場で、厚労省にデータ請求を行なった、「追試をしたいので、データを開示してほしい」と。返事は「厚労省ではデータを管理していません、責任者にお尋ねください」とのことだった。「厚労省は管理できていないデータを国会の場で回答したのかねえ」とあきれつつ、その責任者に連絡を取ろうとすると、少し前に亡くなっているとのことであった。実はギャンブル依存に詳しい米国のアラン・フェルドマンも、厚労省にデータを請求していたことを後に知ったが、彼も手に入れることができなかったと語っていた。

そうこうするうちに、2014年夏の記者発表（「ギャンブル依存疑い、536万人」）があり、これなら時間的に手に入るだろうと、すぐまた厚労省にデータの請求をしたが、返事は「ホームページをご覧ください」というもの。そしてアクセスしたそのホームページは「一時的にストップしています」状態だったのである。

遂に業を煮やし、ここに書いたような疑問を直接ぶつけることにした。筆者が月刊誌に書いた文章を、国会質問に答えていた参事官、筆者からの問い合わせへの対応者、そして研究代表人の3人に送り、公的質問の形で返事を求めたのである。結果は、なしのつぶて。どうやら無視を決め込むことにしたようだ。

自然科学界のみならず、社会科学の世界にも暗黙の了解事項がある。それはまず、公に発表された論文や分析のデータは、一定期間（最低5年くらい）保存すること。研究者からの請求があれば、追試のためであれ新しい分析のためであれ、開示することである。その条件が満たされない論文や主張は、基本的に価値のないものとみなされても仕方がない。これがあたりまえのルールなのである。少なくとも日本以外の先進諸国においては。

†厚労省ギャンブル依存研究の犯罪的な問題点

筆者がかつて書き下ろした新書の中で、研究者・学者による「たちの悪さ」――つまり過失・不正とされる掟破り的行為――のレベルを5段階に分け、説明したことがある。それ（表－3 研究者による過失・不正レベル）を再掲しておくことにしよう。

表－3の5段階で判断すれば、厚労省と研究班は「批判に対する無視」、「グラフと表によるミスリード」（以上、レベル4）、「追試への非協力」（レベル3）など、過失のみならず不正と糾弾されてもしかたがないレベルの行為を犯しているのである。

厚労省とその研究班は、筆者のような「ギャンブル依存症」と「社会調査論」の両方に詳しい――両方とも大学院で教えていた――人間がしつこく尋ねることまで予想していなかったのだろう。しかしだからと言って、デタラメを垂れ流していいはずはない。質問や批判を無視していいはずもない。

筆者らの批判に耐えられなくなったのか、厚労省は2016年にまたぞろ予算をつけ、ギャンブル依存症の実態を調べることにした。2017年秋の段階で正式数字が発表された。ライフ・タイムのレファレンス・ピリオドによるギャンブル依存（予備軍含む）は約320万人、過去1年間に限定すれば90万人という数字であった。

表－3　研究者による過失・不正レベル

［領域］	レベル	レベルの記述	内容
過失	Level 1	単なるミス honest error	・書き写しまちがい ・思い込み（見たいものが見える） ・知らずに引用・借用 ・記述もれ ・知らずに特許や意匠登録に違反
過失	Level 2	未熟・不作法	・因果律の過信 ・研究記録の不備 ・引用や孫引きルールの無視 ・とんちんかんな受け答え ・方法論の不適格性（変数・式など） ・論文の文法ミス――体裁や共著者の扱い ・用語・定義の不明確さ
≈	Level 3	ずさん・一方的	・追試への非協力 ・質問へのはぐらかし ・動物虐待 ・プライバシー侵害 ・強引な解釈・主張（三段跳び論法） ・二重投稿 ・無断でのアイデア借用（ヨコからタテなど）
不正	Level 4	意図的ミスリード	・他人の不正を知って見ぬふり ・批判に対する無視 ・研究費流用 ・不都合データ・結果への不言及 ・根拠のない主張 ・グラフと表によるミスリード ・「投稿中」とウソ
不正	Level 5	犯罪行為（即アウト！）	・論文の盗用 ・データ操作（トリミング／クッキング） ・データ改竄 ・捏造

それ以外の「おきて破り」―下品な行為―

・学会の名を使用して商売
・宗教の勧誘・宣伝
・ピア（仲間）を優遇
・身内に甘い処理
・事なかれ主義
・事実を認めない／あやまらない
・批判者をわざと攻撃
・開き直り

だが、今回がまともな数字なら、前回の調査は何だったのだろう。厚労省の研究には、税金が投入されているのであるから、少なくともどちらかの調査はお金を捨てた結果となっていると言って差し支えない。本音を言えば、両方かもしれない。ちなみに研究代表者は前回と同じ人物であった。

ちなみに、日工組社会安全研究財団が２０１７年8月24日に発表した調査結果がある。レファレンス・ピリオドは過去1年間限定で、パチンコ・パチスロに関しての数字は、軽度の依存状態が約80万人、それ以上の重い（病気と言える）レベルは約40万人であった。こちらは調査論に詳しい筆者から見てしっかりした内容で、サンプル数も充分なものであった。

過ぎたことはよしとしよう。必要・重要なことは、「これからどうするか」という点である。つい主観で、真実から遠ざかってしまうのは、アマチュア研究者・学者だけではなく、その道何十年の大御所にもあることは、本章で示したとおり。こうした間違いを少しでも減らし、研究の質を向上するためにすべきこと、できることは少なくない。本章がそのヒントのひとつになってくれるなら、それは良きことである。

第四章

知と知が手を結ぶとき

——行間の解読といらない情報

†情報の海で溺れる人々

現代人は文字を読む頻度が減ったと言われるが、それはプリントされた紙媒体の出版物に限定しての話。スマホのニュースやライン（LINE）、メールなどを含めると、いわゆる読む量自体は少なくなっていないような気がする。電車の中でも横断歩道上でも、ひたすら画面を見つめている人々が文字に触れる量は半端ではなく、「読書好きの人々にも負けないレベルである」という言い方も可能である。

問題はその「文字を読む」行為が、読書における「本を読む／文章を理解する」ほど、本人の知の形成に役に立っていないだろうという点にある。現代は、そしてこれからの社会は、情報が溢れる時代であるからこそ、その「真偽や質を見極める能力」が必要とされるのである。でないと、人々は情報の海で流され、溺《おぼ》れかけ、もがき続けることになる。何も考えず、闇雲に読む文字の絶対量を増やすだけでは、効率の良くない努力に近いのである。

†シンギュラリティ・ポイント

コンピュータなどの情報機器の発展、特にメモリー・チップの飛躍的な処理スピードと量は、多くの人々の予想を超えている。記録され、いつでも引き出せる情報量は、この30年以上にわたり、級数的な比率で伸びてきた。伸びるスピードは徐々に収まるものと仮定しても、2037年にはコンピュータから引き出せる情報が、歴史上存在したすべての本や著作、記録の量を超えるという。俗に「シンギュラリティ・ポイント」と呼ばれる到達点である。この用語、今ではコンピュータが自己意識――つまり「私」という概念――を持つポイントとして使われることもある。

もしマシンが「私」という意識を持つと、それは同時に「殺されたくない」という、保身の本能を生み出すのではないかと危惧する声もある。コンピュータはネットを通じて、いろいろな組織内部や情報機器にアクセス可能であるがゆえに、その影響力は予想の範囲を超え、人間が支配下に置かれることすらあるのではないかという不安である。いやそんなことは起こらないだろう（などなど）、危惧以外にもいろいろな意見が出されているが、本当のところは分からない。

個人的感想として、コンピュータの暴走に備えて「コンピュータの主要機能を手動でオフにできるデバイス」は、万一のときのために備えておいた方がよいことだと思う。その手動デバイスは、ワイヤレスで遠隔操作できるものであってはならず、かつ誰にでもアクセスできるものであってもいけない。少々ハードルが高いが、技術的には充分可能である。

たたしその詳しい方法は、今のところオープンにできない。その点につきお許しいただきたい。

「コンピュータの暴走など考える必要がない」とする意見もある。ある物理学者によると、コンピュータのメモリーは、所詮「オンとオフ」の羅列に過ぎず、たとえば表か裏のコインを何兆個（あるいはもっと）並べただけのものとみなしてよい。コインがいくつ並ぼうと、「私」という自意識が生まれるものではないとする考え方は一考の余地がある。物理学者ロジャー・ペンローズも、類似の見解で、自己意識は幻にすぎないか、あるいはありうるとすれば、脳内で起こる量子力学的効果の結果であると、著書『皇帝の新しい心』の中で述べている。

話は少々それたが、要するに単なる情報量と知覚とは別であるということ、そして「本当の知は、思考プロセスそのものにある」ということが言いたかっただけである。今のところ、シンギュラリティ・ポイントを恐れる必要はあまりない、と考えておいてよいだろう。

†情報を捨てる能力

筆者は神戸芸術工科大学で、映画に関する授業を担当している。「学生に観せた映画に関し、少人数（25人以内）でディスカッションするだけ」という内容である。「他人の意見を聞き、理解し、そして自分の意見を言うことができるか」というのが授業の本旨である。ある年、各自に「今日の映画の感想を1000字以内にまとめてくること」という宿題を出したところ、多くの学生が見事なレポート——詳細な分析——を提出したが、どれも類似点があった。

「ハハーン」と思って調べてみると、案の定、雑誌やネット上の論評を「コピペ（コピー&ペースト、コピーして自分の文章に見せかけること）」したものであった。今は教員側にも、特定の文脈を過去の文献などと比較するソフトがあるため、ごまかす側も少々難しい時代となっている。当然であるがコピペをした学生には警告を与え、2度目は単位不可である旨を伝えた。その年以降は、クラス内でのディスカッションの質と量だけで成績をつけることにしたが、何かしらでもしゃべらないと0点であることを知ると、学生は否が応でもしゃべり始める。最初はぎこちない意見発表でも、そのうち慣れて、自分から話に入るようになるものなのだ。

筆者が前の世紀に出した本の中で、「これからは情報を集める能力より、いかに（イラナイものを）捨てることができるか、という能力の方が重要になる」と述べたことがある（谷岡、2000）。情報の海で溺れないようにするには、情報を捨てることも必要で、それができない人は実社会でのリーダーにはなり得ないだろう。第一章で、いろいろなことに興味を持ち、チャレンジしよう——首をツッコもう——と述べたことと、相容れない論に思えるかもしれないが、筆者の頭の中では矛盾はない。首をツッコんだトピックの中にも、捨てるべき情報は多く、実際捨てる決心をしたトピックも少なくない。要は「何を捨て何を残すかを見極める能力」があるか否か、という点が重要なのである。

†盗用と引用の違い

第五章の内容にも関係するが、ここで引用と盗作（＝コピペ）についても見ておこう。人間が作り出した、どんな論文や作品にせよ、まったくのオリジナルと言えるものは、（あったとしても）例外中の例外であろう。普通は過去の知見やデザインから、何らかのヒントやアイデアを得ているものであり、その点で先人たちの知見やデザインを借用する際には可能な限り参考にした原本に言及し、感謝することを忘れるべきではない。

「先人の知見やデザインを借りる」行為には段階がある。引用や単なるヒントとして利用する程度から、完全な盗作に至る罪深さの段階であるが、当然ながら研究者・学者に（そして他の一般人に）許されるものとそうでないものがある。

その境界は明確でないケースもあるが、ここでは、「インスパイア」、「オマージュ」、

「パロディ」、「盗用（パクリ）／コピペ」の4段階で解説しておこう。むろんこの順で罪が重くなる。

「インスパイア」とは、過去の何らかに触発されて、（通常は）その関連性の中で、別のオリジナルのアイデア・トピック・作品を作り出すヒントとなったケースをさす。インスパイアは、元になる過去のものを紹介しなくとも批判されることはないが、スペースが許すなら言及することが礼儀でもある。

「オマージュ」とは、明白に参考にした過去の論文や作品が存在し、それを作り替えることで別の意味を付加しようとする行為をさす。たとえば西部劇の『荒野の七人』という映画は、黒澤明による『七人の侍』へのオマージュであり、監督もそれを公言している。オマージュする者は、先人への敬意を持つことがほとんどと言ってよい。部分的にオマージュを取り入れるケースもあるが、それでは元ネタを知らないと意味が不明瞭になる可能性がある。いわゆる印象派画家の作品には、日本の浮世絵からのオマージュが多く見られることはよく知られている。

「パロディ」はオマージュに類似する作り替えであるが、いわゆる悪ふざけ的なニュアンスを持つ言葉である。オマージュとは異なり、敬意が感じられないケースも多い。元ネタの作者として、「悪ふざけが過ぎる」と感じたときは、訴訟沙汰になることもあるが、通常は——学術的なものでないなら——許される範囲ぎりぎりとされる。異なる作品でもあまりに似ているケースは、パロディではなく次の盗用レベルと考えられるが、元ネタに言及しているかどうかである程度見分けられる。

「盗用」は、元ネタに言及せずに自分のオリジナルであるふりをすることがその核心である。つまりいわゆる「パクリ」であり、その行為の範疇には原典を明示せずに他人の文章を引用することも含まれる。従ってよく学生が行なう「コピペ」は立派な盗用であり、故意（悪意）を持って行なったケースは（学術的に）有罪である。

他人の文章と自分の文章が、偶然に酷似することはありうる。しかし100文字を超える文章が同一になる確率は極めて低く、ましてや1ページにもわたって同一の文章が登場することは、ありえないと言ってよい。また文章でなくとも、論理構成や図表、レイアウトなども、引用でなく「借りる」ことは同罪とみなされる。

ただし、同一の理論・仮説が独立して複数人によって唱えられることは、たまさか起こりうることとして認識されている。そのケースではどちらが先に公表したか——この公表はシンポジウムや研究会での口頭発表でもよい——で優先権が決まることになっている。だが、複数の別の人間が、自分が先だと信じるケースも少なくない。たとえば「微積分法」の業績は、イギリスのニュートンとドイツのライプニッツの2人が独立して同時に発見したものと認識されている。ただし、発明の特許だけは、「先に出願した者の勝ち」という単純な世界ではある。

†日本人の情報環境——取捨選択の哲学

特定の英語圏を除くと、日本は情報へのアクセスが最も容易な国のひとつである。日本語で手に入る文献もかなり多い。筆者が危惧するのは、あまりに「簡単に情報が手に入るこの環境」そのものなのだ。つまり、情報が薄っぺらなものになり、深い考察の機会がなくなってしまうことを心配しているのである。

たとえばある中東の国では、一生に読む本の量はごく限られている。識字率の問題もあるだろうが、たとえ字が読めたとしても、印刷された本へのアクセスが宗教本しかなかった、という人もいるだろう。だがそれを劣悪な環境とみなすのは失礼だと思う。一冊しかないなら、それを何度も読み、行間に至るまで深く読み取る。識者らによるいろいろな解釈も聞く機会があれば、そのたびごとに新たな知見を得るだろう。結果として得るものは、その宗教本の思想と哲学である。それもかなり深いものとして。

本が少ないのは、選択肢の限定であるから、ネガティブな側面は否定できない。筆者などには、おそらく耐えられないものであるに違いない。しかし日本人が、一冊の本をじっくり読む習慣を失ってしまうことは、別の次元で憂慮すべきことである。座右の書と呼べる本や、心の支えとして深く読む本がなく、量は多くとも表面的な（雑学的な）知識に限定される。読むにしても、深く考える必要も集中する必要もない、軽めのものが多くなっているのが実情であろう。

結論的に言わせてもらうなら、日本は日本人の手に余るほど情報が溢れており、それは取捨選択の哲学を保持しない人にとって、あまりクリエイティブな環境とはなり得ないのである。

†ゴミ情報とノイズ情報

情報が溢れている状態自体は、ま、よしとしよう。問題はその情報の9割近くが、何の役にも立たないものであることだろう。その9割のうちの約半数は、単なるゴミ（あろうがなかろうが何の影響も与えないタイプの情報）と考えて差し支えないが、とりあえず表面的な害はない。問題は残り約半数が、ノイズ（むしろ思考や判断を妨げる雑音のような情報）であることだ。事実でないものを垂れ流すだけのニセの情報である。ニセの情報は役に立たないのはむろんのこと、積極的に害のあるものと考えるべきである。マスメディアや論文、著作類にも、この種のニセ情報は少なくない。

情報が溢れかえる社会を泳いで渡るには、「必要な（本物の）情報を見極め、それを自分のものとする能力」が求められる。逆に言えば、「ノイズやゴミを見極める能力」でもよい。と言うより、より見極めやすいのはノイズやゴミの方である、というのが、筆者の持論である。

まずはノイズ・ゴミの代表たる「単なるウソ」を解説し、それに準ずる――準ずる、と言っても罪が軽いというわけでなく、どちらかと言えば罪が重い――「ウサンくさい論調」を取り上げる。そして本物を見極めるために、日々行なうべきことを最後に考えてみたい。

†単なるウソ

世の中にはウソに見えてウソでないものもあるし、その逆もある。何をもってウソと言うのかは、容易に決定できるとは限らない。しかしここでふたつ以上の相矛盾する論が対立するケースを考えてみよう。一方が真なら他方が真ではありえない状況は、少なくともどちらかはウソである。

たとえば、ある者が放射線量や毒物の科学的な安全規準を表明し、他の者がそれでは不充分（まだ危険）だから、その半分の値であるべきだと主張したと仮定するなら、どちらかは間違っていることになる。マスコミは、より厳しい安全性を主張する側に立つことが多く、逆に行政側は、よりハードルの低い値を正しいものと考える傾向にある。そしてどちらもあまり科学的規準を真剣に考察していないケースが多いようである。

東京電力はかつて、地震で起こるかもしれない津波の最大値を約10メートルに設定していた。２０１１年3月、東北地方で地震・津波が起こったとき、津波は17メートルを越え、過去の社長の何人かが過失責任を問われることとなった。

のちの訴訟で争われた問題は、本当に「17メートルもの大きな津波が予見できたのに、その対策をとらなかった」のか否か、という点であり、「実際にそれが起こったのか否か」ではない点に注意する必要がある。つまり最大値が約10メートルである、と信じる合理的で充分な理由があったのなら、過去の社長たちには過失はない。意識的にウソをついたとは言えないという意味である。結果的にウソであったとしても、その時点での蓋然性の高い真実なら、それはウソではないというアイロニカルな状態となる。極端な例を示すなら「ある日隕石がぶつかるなんてことは、ありえないと言えるほどまれな事象であるから、そんなことは起こらないとみなしてよい」という主張は真実であるが、実際に隕石が降ってくることは、歴史上何度も起こったことである。

別に東京電力の社長たちが正しかったと言うつもりはないが、少なくとも専門家らしき人々（研究者や学者）の言を信じて、「津波の最大値10メートルに備えるレベルで充分である」と信じたとしても、刑法上の違法行為とみなすには無理がある、というのが法学部で刑法を専攻し、一応刑法に関する著書もある筆者の意見である。その点において、訴追を要求する側は、積極的に「津波対策が10メートルで充分である」と信じたことが、過失レベルの（非常識な）行動であったことを証明しなくてはならない。刑法上の挙証責任は訴追側にあり、その証拠の提示は、一般人（裁判員）をして「100％そのとおり」と言われるレベルでなければならないことは、以前に説明したとおりである。

久米宏がメインキャスターを務めたテレビ朝日系のニュース番組「ニュースステーション」において、「特定地域のほうれん草から高いレベルのダイオキシンが検出された」というニュースが報じられたことがあった（テレビ朝日、1999）。そのダイオキシンの量は、自然に存在する量より少ない量であった（しかも、ほうれん草ではなかった）にもかかわらず、その地域のほうれん草を恐れる人々を刺激し、売上げの減少が起こった事件である。

微量といえど、ダイオキシンが検出されたことはウソではないが、それを事件のようなふりをして報じた行為（事件化）がウソであり、「自然界の状況より少ない」ことを指摘されてもなお謝罪しなかった（のちにこっそり和解した）ことは、より大きなウソである。この例のように、ウソ自体は故意というより過失に近いレベルであっても、「指摘を受けても正さない」ことは、より大きなウソとなりうる。つまり不作為による放置がより罪深いウソとなりうることも知っておいて欲しい（特に朝日新聞は、この不作為によるウソの宝庫と筆者は考えている）。

マスコミのウソはキリがないのでやめておこう。このレベルに騙《だま》されるのは、まだまだ思考過程が充分なレベルに達していないことが原因であろう。しかし、研究者・学者が研究成果の衣を着せてつくウソは別の話である。とりあえず「知の代表」と考えられている人々であるがゆえに、その言動に重きを置くことは、（一般人としては）仕方がないだろう。何と言っても専門家（のふりをしている人）の主張であるからだ。

研究者・学者がつくウソの種類に関しては、別の著作（谷岡、2015）で解説したことがある。そこで紹介したことであるが、知のトップに君臨する人々とてウソをつくことは多く、しかも罪の重いものから軽いものまでバラエティに富む手口が存在する。データをこね繰り回し、数字で証明したふりをする論文などは、専門家にしか見破れないウソが混ざっていることがある。研究者・学者が主張したからと言って、頭から信じることは危険であると断言しておく。

†胡散臭い論調

世に存在する情報の約9割が、本質的に不正確で役に立たないものであり、そのうちの半分くらいは単なるゴミとして、薬にも毒にもならないものである。そして不正確な情報の残り半分くらいは、害毒を垂れ流すだけの「ない方がよい」ものであり、これこそが世の中をミスリードする諸悪の根源である。

わかりやすい例のひとつは、選挙における公約や演説の内容だろう。「わが党は自衛隊を廃止し、アメリカ軍は撤退させます」とか、「私は教育費を倍にする運動を始めます」という類の論調であるが、その主張には常に語られない部分があると考えてよいだろう。たとえば自衛隊をやめ、米軍が撤退したあと、国の防衛体制をどうするのか、独自の国防にはいくらの予算がかかるのか。たとえば教育費を倍にしたなら、その分はどこかの予算を削らなくてはならないはずだが、その財源はどうするのか、といったもろもろの疑問に対する回答である。どうするつもりか尋ねると、それなりの答が返ってくるものだが、それらは全体のバランスを考慮したものでないことが多い。民主党が政権をまかされた2008年頃、財源として宣言した無駄な部分の見直し(「事業仕分け」と呼ばれていた)での財源捻出計画は、部分部分では反対の声を消すことはできたものの、全体を俯瞰すれば絵に描いた餅でしかなかったことが判明した。つまり、公約時の説明は都合の良い説明に過ぎなかったというわけである。

人間は、自分の聞きたい説明を信じる傾向を持つ。耳に痛い論と耳に心地よい論を主張する2人がいたとすると、期待を込めて後者を信じる、と言うより信じたいと思うのである。選挙における民主党の公約がその類であったことは、反対陣営――主として自民党――も説き続けたが、選挙は票を集めた側の勝ちであり、少なくとも短期的には民主党に票を投じる人々が急増したことはまだ記憶に新しい。短期的な胡散臭い論が、長期的に役に立たなかったのは確かで、名称を民進党に変えても議席を減らし続け、ついに分裂したのは、日本人の学習効果のあらわれと見るべきか。

とは言え驚くほど多くの日本人が、「どう見てもどう聞いても胡散臭いもの」に騙され続けている。主として高齢者が被害に遭う「親族を騙《かた》って入金を依頼する詐欺行為（俗に「オレオレ詐欺」）」、「すぐ何倍にも増える投資」の話や、（主観的には）かなり怪しげな宗教家の言、センセーショナルな見出しの週刊誌、などなど。なんでこんなものを信じられるのかを理解するのに、骨が（そして心が）折れる事件が頻出する。

まともに人生を生きて、一応まともな教育を受けた人なら、「資産がすぐ何倍にもなる」類のうまい話には警戒するものだし、そもそもそんなものが99％ウソであることを知っている。また宗教家が（たとえば）過去や未来の人の霊と話ができるなら、1人も当選者の出ない選挙に訴えたりするはずがないことも容易にわかろうと言うものだ。どんなセンセーショナルな見出しで、来たる社会のあり様を予言したり、今の政治に対しエラソーに物を言ったりしても、同じ週刊誌内に裸の写真や、ナゾの「袋とじ」なるものがある出版物を出し続ける編集人たちをどうすれば信じられるのか。すでに何度も騙されていても、すぐに忘れてしまうのだろうか。

偉そうに物言う人、特に自分の過去は顧みずに文句ばかり言っている人の言葉は、そもそもあまり信じない方がよい。また断定的に（一方的に）意見を言う人にも、気をつけてほしい。学問の世界においても、一方が100％正しいことはあまりなく、あったとしてもそれを断定的に主張するようなやり方は、（まともな学者は）あまりしないものなのである。断定口調を疑うことをしないのは、例外もあるにせよ自分で思考していないこととほぼ同義である。

†本物とニセモノを見分けるために

持論として、「威張り散らす人」、「文句ばかり言う人」、「断定的に決めつける人」などの言には注意するように述べてきたが、それ以外に、普段の生活において実践してほしいことがある。

本物とニセモノを見分ける術は、一朝一夕に身につくものではないにせよ、身につけるための訓練の場は、実社会の中にしか存在し得ないのもまた事実である。筆者が日常生活において実践していることをいくつか紹介したい。

まず反省しない人。「間違っても強弁し、決して謝らない人」の言うことは、取りあえず無視するに限ると知ってほしい。この種の人々は、自分を正当化するだけの目的があれば、平気でウソをつく傾向があるからである。事実よりも、自分のプライドを優先的に気にすることは、性格としてそもそも研究者・学者に向いていない。研究者・学者に限らず、ビジネス界や政界でも、この種の人をよく見かけることがあるが、その下で働く人々は少々可哀想だと言わざるを得ない。

「ビッグネームとの交友関係を自慢する傾向」は、多かれ少なかれ誰にでもあるだろう。しかしそれを自分の（商売などの）目的に利用することはまともな人間はしない。それが友人としての礼儀であるからだ。そのため、「交友関係を不必要に自慢する人」に気をつけたい。本物の実力を備えた人間にとって、ビッグネームとの交友関係が不要な武器であることは明白で、それをあえて行なうことは、すでにその人間が本物でないことを半ば暴露しているようなものだという事実に、なぜか自慢する本人は気付かないでいる。これは、虚言を弄するくせのある人を見分ける方法でもある。似た事例として、有名人と握手する写真をオフィスのいたる所に張る人がいる。政治家なら仕様がないことかもしれないが、一般人なら少々見苦しい。

告白すると、筆者は顔（ルックス）の第一印象を大切にする。人間、いろいろな経験を積み重ねるうち、「相手の人となり」は、顔を突き合わせて30分も話をすれば、大体分かるようになっているはずだ。なっていないとすれば、世の中から目を逸らし続けて生きてきたか、学習能力に欠けるタイプである可能性が高い。

人間というのは恐ろしいもので、よこしまなことばかり考えている人の顔は「よこしまな顔」になっていく。バカなことばかりする人は「バカ顔」になっていく。すべてのタイプが判別可能とは言わないが、人間は一定年齢に達したとき自分の顔に責任を持たなければならないと信じている。

逆から言えば、顔の造作や化粧の上手・下手などは、どうでもよいことで、前向きに努力を重ねることで人の顔は良くなっていく（はずだ）。うわべの顔の造作に騙されるのは——若い間は仕方がないとして、年を重ねてそうであるなら——これまで一所懸命に努力を重ねて向上心をもって生きていなかった可能性が高い。政権の経済政策を平気で「〇〇のミクス」と呼んだり、本人すら信じていない宗教を説く教祖的存在たちの、なんと悪人ヅラであることよ。でも悲しいかな、騙される人は騙されるのである。

†筆者の人生哲学

筆者が勧める生き方（人生哲学）を箇条書きで書いておく。

●哲学と信念を持ち、夢を追いかけようとする。

自分が何のためにここにあるのかを考え、境遇に感謝しつつ、「可能なら世の中に何か貢献できれば」と行動を続ける人を尊敬している。

●自分より弱い立場の人を気遣う。

自分より立場の弱い人に厳しく当たるのは、（教育的な目的がある場合は別として）「いじめ」の一種である。度を越すとパワハラと呼ばれる。上にはへいこらし、下に厳しい態度を取る上司を持った人間は不幸であるが、より不幸なのはその上司本人であろう。

文部科学省前事務次官の前川喜平の座右の銘は「面従腹背」だと報じられていたが、それが本当なら人間のクズである。そんな人間をヒーロー扱いしたメディアは、ニセモノ代表のもうひとつの例であろう。

筆者が尊敬するのは、上に対しては堂々と意見を言い、自分より立場の弱い人たちを逆にかばってあげられるタイプの人である。しかし日本で出世するのが、少々難しいのは（残念ながら）事実。世の中にはその逆のタイプ——部下の手柄は自分のものにし、失敗は部下のせいにする――が、山ほどいるのも事実である。

●家庭（身内）を大切にする。

公的立場としては、「身びいきをする」のは良くないことであるが、「生活の基本は家族である」という考え方は正しいと思う。筆者は家庭を大切にする人は好きだが、その逆のタイプは嫌いである。これは理屈ではなく、単なる好みの話かもしれないが、家族すら大切にできない人が、世のリーダーになるべきでないと信じている。

●「怒ったら負け」と思うべし。

強い怒りは人間の思考と冷静な判断力を制限し、物理的有形力（暴力）を行使しがちにさせるものだ。実社会（政治、経済、その他）では、こちら側を怒らせようとする戦術を使う者もいるが、その人たちは本当に恐い存在ではないと知るべし。つまり本項で説明してきたニセモノの類だと考えてよい。

怒らせようとする人々に対しては、「先に怒ったら負けである」と、心の中で唱えることをお勧めする。特に昨今では、失言を待っている人々が録音機器を懐に忍ばせていることもよくある。

先に怒ったら負けだというのは、「相手を挑発して先に怒らせよ」という意味ではない。一番良いのは気にせず、以後相手にしないことであると考えている。ちなみに、録音機器を忍ばせているタイプの人間は、信用してはならない人間の一形態である。

研究者・学者の世界も同様で、「すでに一定の業績を上げた人々を踏み台にしてでも名前を売りたい輩」が、ウヨウヨしている世界である。こちらの著作に対し、曲解に基づく誹謗や中傷を仕掛け、自分こそがそのテーマの第一人者だと名乗りを上げたいのか、末端のどうでもよい部分にイチャモンをつけようとする人を知っている。正々堂々とした議論、論争は研究者・学者の一人として避けるつもりはないが、こちらに知らせずに背後でコソコソと蠢《うごめ》くヘンな奴にまでは対処しきれない。

彼らにとってネットは、便利な凶器となりうる。筆者も「自著への批判が書かれている」と友人が教えてくれたので、ネットの自分の項目を見たことがあるが、あまりに低俗でレベルが低いため、かなり驚いた覚えがある。ネット上の批判をしたのに、本人に連絡してくれることはない。こちらが必ず見ているものと信じているようだが、筆者のように個人の呟きや落書きを見るつもりのない人は（そしてその時間がムダだと知っている人は）、少なくないのである。

直接言葉で攻撃してくる者もいたが、その話は長くなるのでやめておこう。怒らせようとする相手に対し、かなり効果のある返し技は、（経験的に言えるのは）「笑いを返す」ことだ。

†情報のウラを読みとく方法

本物とニセモノを見分ける力をつけるための近道はない。経験を重ね、日々考えるくせを持つことぐらいしか効果的な方法は思いつかない。ただやみくもに考えるだけでは、やたら時間を消費するだけ——それでも何も考えないより百倍も良いが——に終わる可能性が高いので、この際、何らかの指針、手掛かりを示しておくべきだろう。

考える手掛かりとして、まずすべきことは、「書かれていない（放映されていない）情報は何か」を考えることである。そのための簡単な方法のひとつは、いくつかのメディアを比較することである。

次に行なうべきことは、時間軸を頭に置き、「このあとの展開がどうなってゆくのか」を考えてみる。そうすることによって、逆に「なぜ今これが浮上したのか」が見えてくることもある。

これらふたつの項目を追加的に解説しておこう。

NHKは、公共放送を標榜しているがゆえに、（実体がどうかは別として）客観的で中立的な報道をすることになっている。また一定の品格と礼節を保持すること（これは悪いことではないが）も求められているため、誰かを攻撃・刺激するかもしれない物言いは、極力避ける傾向を持つ。従ってNHKニュースは、「本当に知りたい情報が、分かりやすく開示されていないかもしれない」点を常に認識しておくべきだ。

この情報不足を補う簡単で単純な方法は、複数の民放ニュースも見て、内容を比較することである。民放の中にはコメンテーターと称するゲストが複数いるケースがあり、アナウンサーが読み上げる代わりに、また放送局が特定意見を表明する代わりに、「これは安倍首相の任命責任も問われるべきですね」などと、局の意向を代弁したり、ツッコミを入れたりする。局のスタンスに反対の立場の者は、もともとゲスト・コメンテーターに入っていないことが多いため、民放にも一定方向の偏り——すなわち、逆の立場から見て「放映されない情報」——が存在することになる。

「身近な人々もこう感じている」という感じを醸し出すためか、専門外の者（たとえば、「もとメダリストの2児の母」みたいな人）にコメントを求めるケースもある。よく聞いてみると、何も言っていないに等しいのであるが、編集側もニュースを一種のバラエティ番組のように捉えているためか、別に気にする様子はない。スポンサーがついて、一定の視聴率がとれてナンボの世界であるから、大衆が求めるものを放映するのは仕方のないことなのであろう。

要は、「放映されたニュースの裏をどう読み取るか」という問題であり、NHKだけだと難しいし、民放だけだと偏る危険がつきまとう。両方を観つつ、その意味や背景を考えることをまずスタートとすることを勧める。

新聞に関しても、状況は五十歩百歩だと考えて良い。ただ構造はもう少しややこしい。と言うのも、文章を推敲・編集する段階で、「微妙な表現方法によって、ある部分を強くしたり弱くしたりする」ことが可能だからである。その新聞社のスタンスによって、強調したい部分は強くし、あまり触れたくない（端折りたい）部分は弱くするのであるが、あとで「ちゃんと事実を書きました」と言える状態は、最低限保持しておかなくてはならない。

たとえば安倍政権に批判的な新聞は、安倍政権の支持率が上昇したときは、目立たない4ページめの下段に小さく扱い、下がったときは一面の目立つ所に持ってくるような編集のやり方を採用するかもしれない。安倍政権をサポートしようとするメディアによる、逆のケースも当然あるだろう。「ちゃんと紹介しました（記事にしました）」と言うための「アリバイ作り的囲み記事」は少々ズルイやり方であるが、アリバイが成立するのはそれに関する公開質問に（少なくともマスコミ間で相互にチェックする質問に）きちんと答えての話であろう。

とりあえず日本経済新聞（日経）を（本当のところは別として）「中立的政治スタンス」

と考えるなら、産経新聞と読売新聞は保守的な立場(「右寄り」と言う)、朝日新聞と毎日新聞は革新的な立場(「左寄り」)と考えてよい。ひとつの新聞でも行間を読むことは(訓練すれば)不可能ではないが、より効率的な方法は、複数紙を――なるべく左右両サイドを含む新聞を――バランス良く読み、比べることである。

†出来事の展開を読む方法

いわゆる問題発言や失言の類は、新聞記事よりも、推敲・編集のない(実況の)テレビ放映に多い。その代わり新聞記事は、誰もが手元に残したり、コピーしたりできるがゆえに、証拠が残りやすい側面がある。ステージ上でよく起こる論争のように、「言った」、「言わない」といった水掛け論的なズレは、新聞では起こり得ないわけである。

ある記事が、特定新聞にのみ(唐突に)登場することがある。それがスクープならばいわゆるお手柄であるが、ときどき「なぜ今、こんな記事が?」という種類のものが紙面を飾ることがある。そんなときこそ、「行間を読む訓練の場」だと知ってほしい。

ひとつめの視点は、このあと(おそらく2~3ヶ月以内に)どんなことが予定されているかを考えることだ。

たとえば2~3ヶ月くらい先に、政権党の特定グループがロシアを訪問する予定があるならば、漁業資源のことや、北方領土の元島民による墓参りの記事が出たりするのはありえることである。保守系メディアは、「ロシアとの（将来の）交渉に有利な方向」で、革新系メディアは「政権の足をひっぱる方向」の記事になるであろうことは予想されうる。早い話が政治的キャンペーンである。「政権の足をひっぱるために、国益を危険にさらすことも厭わない」と考える編集者も本当に多数いるのである。そのメディアは、あまり長期的視野に立って国益を考えているとは言い難い面はあるにせよ、それは読み手の頭のレベルに応えてのことであることも認識しておかなければなるまい。

憲法記念日より前の憲法に関する記事、原発再稼働を控えた頃の事故に関するもの、予算編成前の各種団体の動きなどなど、いろいろなケースで、唐突に見えるがよく考えると理解しうる特集記事の出現が考えられる。中学校の現場教員が足りないとか、時間外労働が多いなどの記事が、教員の組合などからタイムリーに（予算編成時を狙って）発案されることは、ありそうなことであるし実際にあるようだ。

もうひとつのお勧めできる新聞記事評価の訓練は、事後の検証である。特にふたつ以上の相容れない記事があったとすると、それらを切り置き、一定の時間を置いてもう一度考察を加えてみる。むろん結論の出ているものもあろうし、まだ判別不能のものもあるだろうが、少なくとも行間を読む良い練習になるのは間違いない。考えるプロセスや方法論こそが重要なのであるから、自分が合っていたか間違いだったかは、さほど気にする必要がない。「次に間違わない」ことが、この訓練の主目的である。

筆者の専門のひとつに「ギャンブル学」があるが、かつてサッカーの結果を賞金の対象とする新しいタイプのギャンブル、「スポーツ振興くじ（俗に「ｔｏｔｏ」と呼ばれる）法案」が議論の俎上にのぼっていたことがある。

このとき反対派が主張していた議論のひとつ——主要なひとつ——は、「サッカーを対象とするくじは、青少年に悪い影響を与える」という内容であった。当時のＮＨＫの報道では、「健全なスポーツ（サッカー）を賭けの対象とするなどけしからん」という主張が、「街で聞いた声」や反対派の弁護士の発言で補強されていた（たとえ特定年齢以下の者は店で買えないにしても、日本中の小学校でノミ行為類似の状態になることは明らか……など）。対する推進派は、「サッカーのくじは世界中にあるが、今のところ何の問題も起こっていない」、「多くの国で、サッカーくじを財源としてスポーツ振興にむけた財源が確保され、有効に使用されている」などと反論を続けた。当時の新聞の論調も賛成派、反対派の概ねふたつに分かれていたと考えてよい。

ご存じのように法案は通過し、現在に至る。結果的に言えば、反対派の論拠（予言）は、現時点で知りうる限り「すべて意味をなしていなかった」と言ってよい。

サッカーくじに助言をする委員会において、施行から1年以上経って、東京都のPTA副会長に聞いてみたことがある。「小学校で何か問題は起こっているのですか」と。その男性は、「何もありませんでした」と答えていた（100％実話）。これが「事後の結論」と言ってよい。では、日本のスポーツ振興財源に関する政策に対し、間違った主張をしていた人々はどうしたのか、反省したのか、謝罪したのか。答は「何もしていない」である。

百歩譲って、「日本中の小学校でノミ行為が起こる」と信じていたなら、法案に反対したことも仕方なかったと認めよう。しかし自分が間違っていたと判明した以後の時間のどこかで、「ごめん」と言うのが人間らしい、あるべき態度であろう。ましてや次に類似の法案「（カジノを含む）IR法案」に反対するなら、以前はなぜ間違っていたのか、今回はどう違うのかを明確にしてからにすべきである。サッカーくじに反対した人々は、前回の反省なしに今回のカジノ合法化にも反対しているケースが多い。多くの人々が忘れる中、「デタラメをくどくど言い続けた人々」をしつこく覚えている人間もいるのである。

†アイデアのカバン

何にでも首をツッコミなさい、と言いつつ同時に、考え続けなさいとも言うと、「少々無理がある」と思うのはその通りで、そんなことを続けると時間が足りないに決まっている。ではどうすればいいのか。

何にでも興味を持つのは、入口の話で、いわば「広い知」の世界。その中で特にやりたいことは、深く考察すべき「深い知」の世界である。つまりスタートは「広く浅く」でいいとして、そのうちの何パーセントかは「狭く深く」追求せよ、という意味だと捉えてほしい。

何かに首をツッコミ、それがさらに調べてみたいトピックであれば、ひとつのカバンを用意しよう。カバンは紙袋でも、エコ・バッグでも何でもいいのだが、「大きめのトピックには大きめのカバンが必要となる」ことは、当然予想されることである。昨今は比較的安価なカバンがあり、また学会やイベントで配布される無料のものも多くあるため、それらを活用するのもお勧めである。

カバンには、そのトピックに関するメモ、記事、本（コピー）など、「取りあえず何でも」放り込んでおく。すぐさまそのトピックを勉強し始める必要はなく、しばし寝かせておく（放っておく）のも熟成期間として悪くない。

ただしカバンには名札をつけ、何に関するものだったかが、すぐ分かるようにしておく方がよい。筆者の部屋にはその種のカバンが、常に20個以上転がっている。

ある日、何かのきっかけで、そのカバンのトピックの機が熟することがある。新しい発見があったり、他人による著作や記事によって、「そう言えば……」と思いつく。そんなタイミングがそのトピックをまとめ始めるチャンスとなる。

たとえば筆者の『エッシャーとペンローズ・タイル』（谷岡、2010）という新書のアイデアの種は、1977年3月に『日経サイエンス』掲載のマーチン・ガードナーによる連載記事（数学ゲーム）を読んで以来、「数学の奥深さを楽しむ」テーマとして、ずっとカバンは存在していたが、ほとんど忘れてしまっていた。

その後、訪英した折にロンドンのデパートで商品化されたペンローズ・タイルを見つけて、在庫の残りすべてを買ったり、1999年に来日したロジャー・ペンローズ氏本人と会ったりもした。[*8] むろん氏の著作は目に入る限り集めていた。

2007年の正月三が日、少し時間がとれたこともあって、自分でペンローズ・タイルの新しいデザインをやってみた（図-3）。しかしそのときはまだ、「興味がある」状況でしかなかったのである。

同じ年の終わり頃、別の科学雑誌『Popular Science』誌に、「昨年の科学的発見・発明

＊8　実は会ったのは私ではなく妻と息子である。ペンローズ氏は講演会場で誰とも会わないことになっていたが、商品化されたペンローズ・タイルを張った額を持って行った息子（当時14歳）にだけ、特別に時間をとってくれた。

図－3　ペンローズ・タイルの新しいデザイン

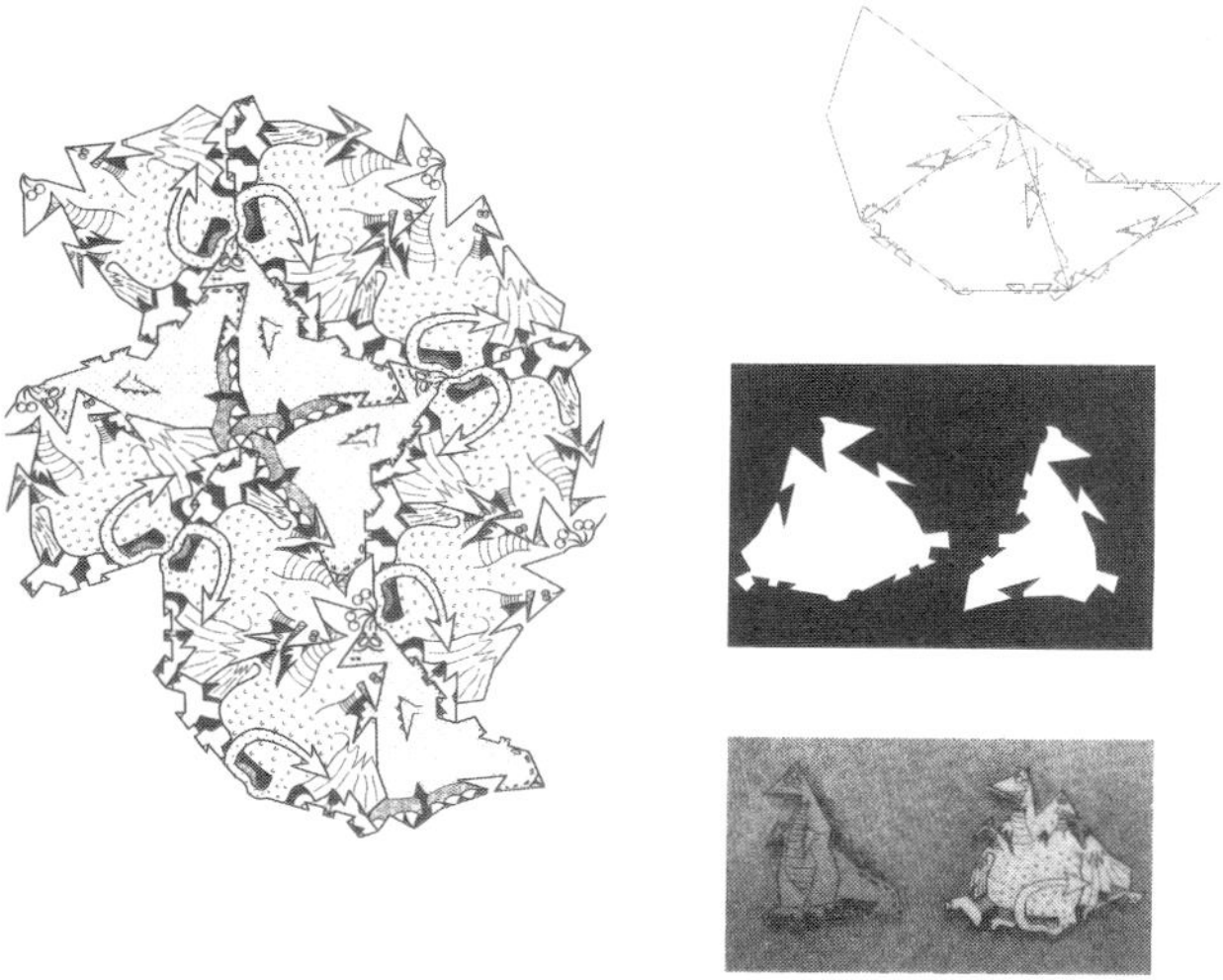

トップ20」という記事があり、そこには20世紀に発見されたと考えられていた「ペンローズ・タイル」が、実際には５００年前のイランのモスクで使用されていたことが報じられていた。海外の空港でたまたま買った雑誌でその記事を見たとき、「これはもう、私がペンローズ・タイルについて書くしかないな」と思い切ったのである。

マウリッツ・エッシャーについても、１９７０年大阪万博のオランダ館で「メタモルフォーゼⅢ」という作品を観て以来、ずっと温めていたトピックだったので、共通項のあるふたつのカバンを合わせて書くことにした。PHPの編集者と話をして、出来上がったのがサイエンス・ワールド新書『エッシャーとペンローズ・タイル』という著作である。

このように、何らかのきっかけがやって来ることは多いが、機が熟したと感じる瞬間は自分で決めることである。筆者に言えるのは、そのようなチャンスは結構ある。ただノホホンと過ごす人には気がつかないか、気がついても間に合わないだけのこと。普段から深い知の発信に向けた準備をしておくことである。

†知と知が結びつく瞬間の感覚

エッシャーのカバンと、ペンローズ・タイルのカバンは、「ペルシアの幾何学模様」を媒介して結びついた例である。どちらも「繰り返しパターン（「テセレーション」と呼ぶ）」に深く関係した数学的なトピックであったがゆえに、うまく融合できた。このように、別のトピックが融け合って、別の新しいテーマになることもある。

筆者が30歳になるかならないか、という頃のある朝、目覚めたときに不思議な感覚を持つ自分を発見した。過去に首をツッコミ、ある程度まで勉強した多くのトピックが、「有機的につながっている」ように感じたのである。ドラマチックなふりをして、大げさな表現をしているのではなく、（うまく言えないが）断片的な多くの知識が「手をつないでいる」ような感覚とでも言うべきか。叱られるのを覚悟で言えば、ある種の天啓か、悟りのような境地だったのである。

たとえば世界史と日本史は、本来深く結びついているはずの知識であるのに、日本では別の教科として独立して習い、教科書も別になっている。だが、日本の戦国時代、中国では明が栄え、欧州では新大陸へ進出を開始している。単なる教科書上の年号は、表面上の知識に過ぎないが、文化や科学上の発明・発見、その他多くの次元がその上に重なり合ってこそ、「生きた学問」となるのが道理。分かりやすく言えば、日本における「教科ごとのタテ割り知識をタテのままではなく、ヨコ方向に重ねることができるのか」という問題提起である。タテ・ヨコに相乗効果として「三次元の厚み」まで感じるなら、それはもう、追究のとき、書くべきときが来たと言ってよい。

これは「筆者だけの感覚ではないはず」と思っていたが、あるシンポジウムでおもしろい経験をした。2017年、デビューから29連勝し、将棋ブームを再興した藤井聡太四段（当時）の師匠、杉本昌隆七段がこう言ったのである、「藤井君の見ている将棋盤は9マス×9マスにあと3マスくらいの厚みがあるというべきか……」と。この真の意味を感じることができた人は多くないとは思うが、とにかく凄い話である。

別個に独立していた知が結び合わさると、そこに別の分野が生まれることもある。筆者が専門とする「ギャンブル学」はたとえば、数学、心理学、病理学、精神医学、統計学、経済学、経営学、法学、観光学、歴史学などなど、多くの学問分野を横軸に貫く学問である。かくも広い分野になると、ひとりでカバーすることはほとんど無理と言ってよいだろう。

ある日、知と知が手を伸ばし、結びつくときが来る。そして新たな次元が加わる。その日までは新しいことにチャレンジを続けてみてほしい。これが筆者の願いである。

第五章

著作への道

——まず「やってみる」という近道

†スピーチもレクチャーも同じこと

日本人は人前で話すのが、あまり上手くない民族と考えられている。結婚式などで、「え～、ただ今紹介されました、〇川×夫でございます。新婦のお父上小〇正×様とは長い付き合いでして、どうしてもスピーチをと頼まれましたので、高い所からではございますが……」などと、どうでもいいことをクドクドとしゃべる。そのうちどこで聞いてきたか、「日本人には大切にすべき3つのフクロがありまして……」てな具合に、多くの人が知っている話をする（しかも少々長い）のが、よく見かけるタイプである。身に覚えはないですよね？　この種の話を聞くくらいなら、「〇川×夫と申します。本日はまことにおめでとうございます、我が事のように喜んでおります」といった感じのスピーチで終わる方が、短いぶんだけよほどありがたい。

要は「聞く人々の身になってしゃべっているか」という問題をまず考えることであるが、意外に分かっていない人が多いのは事実である。

人前でのスピーチも、レクチャーも同じこと。

聴衆の反応を見ずに、事前に用意した原稿を決められた順にすべて話すかどうかは、「その場の空気も読んだ上で必要なら変更せざるをえない」のがあるべき姿であるが、どうも日本人はこの「その場の空気を読んで、（必要なら）変える」ことがあまり得意ではないようだ。本章はスピーチの用意をし、実際にプレゼンをするところまでのプロセスに加え、最終的に一冊の本にまとめるための考え方を取扱うつもりである。

†クリア・ファイル活用術――元ファイル、サブ・ファイル、何でもファイル

ご存じと思うが、「クリア・ファイル」という透明な袋がいくつも綴じられたポケット式ファイルが市販されている。少し前までは数種類しかなかったが、今では2ケタ以上の文具用品企業が乗り出しているため、用途に応じて使いわけることができる。これが紙の資料や原稿などの整理にとても便利である。

ページ数（ポケット数）は、数ポケットのものから、100ポケットくらいが普通で、それ以下でもそれ以上でも使い勝手は良いものではない。色（背表紙）も黒、青、赤、黄をはじめ20種くらいあるので、トピック、サブ・トピックごとに色を変えることも可能である。

サイズはA6判からB1判くらいまで多様にあるが、これに関しては特にA4判をお薦めしておこう。たまに入り切らないとき用に、大きめのものもあると便利だろう。

クリア・ファイルの背表紙には、そのファイルに何が入っているかを書くのが必要。も

し背表紙に書くための工夫がなされていないなら太い油性マジックで書くとよい。

何かのトピックを書こうと思ったなら、まず必要となるのは「元ファイル」と「サブ・ファイル」である。

元ファイルには、そのトピックの計画書、目次および各チャプター（章）の内容などが含まれる。書く分量や中身にもよるが、たぶん40ポケット以上のものが望ましい。もし出版社からの依頼や計画書があるなら、それもこのファイルに入れておく。出版社側の担当者がいるなら、その連絡先も元ファイルに入っているのが望ましい。複数の出版社と付き合っている筆者は、よく名刺をホッチキスで留め、最初のページに入れている。

以前に少し触れたが、元ファイルは一冊のノートでもよいが、クリア・ファイルの便利な点は、ノリやテープでノートに貼り付ける代わりに放り込んでおくことができ、必要なら順序を入れ替えることもできることであろう。筆者は一冊の本を書く計画なら、元ノートと元ファイルの両方を用意するのが常である。章や図表が出来上がるごとに元ファイルの後半部に放り込もう。書き直したときは、必ずアップデートし、最新のものと入れ替えるのを忘れないように。古いものは、よほどの理由がない限り捨てる方がよい。

サブのクリア・ファイルは、各チャプターごとに一冊割り当てる。20ポケットくらいで充分な章と、60ポケットくらい必要な章もあるだろうが、背表紙以外に、色や種類（ブランド）などで区別しやすくしておくのである。サブ・ファイルには、その章で使う切り抜きやコピーなど、何でも放り込む。

ここまでで、元ファイルとサブ・ファイルは出来上がったはずであるが、実はもうひとつのファイルがいる。それは「何でもファイル」と呼んでいるが、その名の通り何でもかんでも放り込むためのファイルである。つまり、「どの章で使うかわからないもの」、「引用した本の奥付のコピー」、「（ふと目についた）関係があると思われる記事」などなど、関係ありそうなものを何でもかんでも放り込む。できればページ（ポケット）の多いクリア・ファイルを何でもファイルに使用することがお勧めである。

†名刺・写真・イラスト・メモ

いろいろな人にインタビューし、話を聞くことは有意義なことである。しかしいつの間にか名刺が溜まり、誰がどれだったか想い出せないこともよく起こることである。

名刺はもらったら、すぐファイルするのがよい。名刺だけのファイルも悪くないが、何でもファイルの終わりの何ページかを、それ専用に使用するのもお勧めである。ファイルの名刺には会った日付や場所を書いておくと役立つことがある。

写真があれば、記憶を呼び戻すのに苦労することはないが、なければイラストか特徴のメモ（たとえば「タレントの×××にそっくり」、「耳が大きい」など）でも思い出すのに役に立つ。主観でいいから、連想した動物などをメモしておくのも、その人を思い出すのに役に立つ。他人にも同じ連想が起こるとは限らないが、自分が思い出せるなら、それはそれでいいのである。ただしその本人にはメモ書きを見せないように。自分が「ラクダに似ている」などと書かれているのを見るのは、あまり嬉しいことではないだろう。

†最新デバイスの活用

かつて、コンピュータや電子メールは、機械に強い若者を中心とした、一部の特権階級的デバイスであった。しかし今は誰にでも使いこなせるほど、操作が簡単になっており、団塊の世代を含めた中高年者でも、それを活用できる時代になっている。具体的にはコピーマシン（カラーを含む）の安価化、写真機能の向上とそれを転送することのできるスマホ、文章作成がより簡単にできるソフトを搭載したパソコン、などである。

今は街のコンビニへ行けば、カラーコピーも含めて簡単に複写することができる。大きさも拡大、縮小とできるため、Ａ４判のポケットに入る大きさに統一することもすぐできる。しかも比較的安価になっているためかつてほどの出費にならず、特に良い点として書き写すより早く正確である。

資料本をコピーするときは、必ず奥付――出版社、発行日や著者名などの情報が書かれている部分で、最終ページが多い――も複写しておくか、メモしておくこと。メモするなら、コピーしたページや綴じた数ページの頭にも記入しておくことを忘れないように。必ず必要になる。

カラーコピーは少々高いが、かつてほどではない。性能も上がり、ほとんど写真プリントに近いものがコピーで仕上がってくるため、これを使わない手はない。知らない人もいると思うので付け加えておくと、白黒写真でもカラーコピーの方が綺麗に仕上がる。引用・転載する写真や細やかな図表は、コンビニなどのカラーコピーを活用することも有力な方法である。

コピー環境の変化――特に価格の下落と質的向上――は、先ほど紹介したサブ・ファイルの充実をもたらす。元ファイルに入れたオリジナルの記事、写真、メモ、図表などのコピーをサブ・ファイルに入れることで、いちいち元ファイルに戻らなくとも内容をチェックできる。サブ・ファイルを小ぶりにしておけば、旅先や外出先でもそれを見て文章を書き進めることができるわけである。

コピーの性能が向上したことにより、ときどきどちらがオリジナルだったかを忘れることもある。オリジナルは常に元ファイルに入れ、コピーはサブ・ファイルに、と統一することをお勧めしておこう。筆者が行なうように、サブ・ファイルは常に少し縮小したコピーを放り込むのも混同を防ぐひとつの方法である。70％の縮小なら、Ａ4判用紙2枚を1枚にすることもできる。

デジタル写真の時代となって、安価な小型カメラでも、むかしの高級一眼レフ並みに解像度の高い写真が撮れるようになった。スマホに付属したカメラ機能も驚くような画質であり、現在世界で最も多いカメラの機種はスマホだと言っても間違いではないだろう。

デジタル写真は加工——色の変更や一部拡大、その他多くのファンクション——が可能で、曇り空が晴天に化けることなど至極簡単。インチキといえばインチキであるが、それを認識した上での目的が明確なら、加工は有力な手段となる。

撮った（加工を加えた）写真はパソコンに保存し、必要ならプリントできる状態にしておくのがよいが、必ずバックアップを確保しておくこと。データはいつでも消えたり、昨今ではコンピュータ・ウイルスにやられたりするという前提でいた方がよい。

よく写真のスミに日付が示されていることがある。本や論文にこうした日付のついた写真はそぐわないが、プリントアウトしたら、撮った日時と場所を必ず記録しておくように。写真のキャプション（説明文）の中に、正確な日付までは必要ないとしても正確な情報が重要になることがある。

コピーした資料でも写真でも、何年後に必要になるか分からないし、そもそも必要になるか否かすら定かでない。知へのチャレンジとはそういうものである。しかしそれでも日付などを記録し続ける人のみが、知の発信者となるのである。

†著作にむけたノートの作り方

いきなり書き始めて、本が一冊書けるなどということは、あまりない。我々研究者・学者の世界でも、一定のトピックに関し、いくつかの論文が積み重なったとき、それらを整合的にまとめて――つまり何年もかけて――一冊の著書として刊行することが多い。ましてや（失礼ながら）アマチュア研究者において、いきなり一冊の本というのは、不可能でないにしても、かなり困難なことだと思われる。アイデアをまとめるまでのノートの使用法をお伝えしよう。

まず大きなテーマを決定する前に、いくつかの関連するメイン・トピックや小さめのサブ・トピックにつき、まとめることから考える方が近道であろう。

もし書きたいトピックがすでに頭にあれば、そのトピックごとにノート一冊を割り当てても良い。ノートの表紙には、そのトピック名と日付をマジック・インキなどでわかりやすく書いておくとよいだろう。表紙に書くトピック名は、最終的に論文形式やエッセーにまとめるときの題名であるとは限らない。筆者などは、題名を最後に書き直すことが頻繁にあるが、あとで決めてもよいのである。極論すれば表紙には内容を表わすキーワードだけでよい、と考えてもらいたい。

ノートには何を書いてもよい。あとで見たときに何を考えていたのかがわかれば、それで事足りるのであるから、こちらも文章でなくキーワードの羅列でも充分役に立つ。適宜、参考記事や（本の）ページのコピーなどを貼り付けてもよい。

単なる思いつきのトピックのノートを作ると、残念ながら無駄になることもある。と言うより、過半は無駄になるものと考えるべきである。「余ったページの使い道に困る」という点は認めざるを得ないが、完全に不用になったとわかるまでは、無駄に見えても置いておくほうがよい。実はそのノートがあとで役に立つことはよくある。

トピックの合併などにより、あるノートが完全に不用になったケースでは、その表紙のキーワード（トピック）を消し、新たなトピックを与えてやればよい。そのときは新しいトピックをこれまでのキーワードより目立つ色や太さの油性マジックで書くことである。

†ノートの冒頭数ページは

筆者が実行しているノートの使い方を説明しておこう。参考にしてもらえれば充分で、必ずしもそのとおりやってもらう必要はない。

ノートの表紙を開いた1ページは、白紙のまま残しておき、のちに重要なメモや変更があるときに限って使用する。次の見開き2ページ（ないしは4ページ）は、それこそ思いついたことを何でもメモする。いわゆる「ブレイン・ストーミング」をひとりでするページ。ただし文章ではなく、キーワードなどにする。

めくった次の1ページ（左側のページ）は、ブレイン・ストーミングを話の進め方によって「分類／並べ替え」をして原案を作るためのもの。大見出しと小見出しなどに分けて考えるためのページである。ただしあくまで「原案」であり、まだ完成型ではない点に注意されたい。

次のページ（原案の右）は白紙のまま置いておく。必ずと言ってよいほど、あとで何かを足したり、引いたり、あるいは順序を変えたりしたくなるものである。従ってここまでが「アイデアをまとめるためのノートの最初の何ページか」になるのである。この段階で放っておくノートは（筆者の手元には）たくさんあるが、気にしない。むしろあればあるほど嬉しいくらいだ。

†論文の基本的な書式と意味

研究者・学者の論文は通常、次のものを含むことが多い。

●要約……本文の前に300〜400字程度で、論文の核になる考え方を要約することが多い。より外部評価の高い論文集では、英文（たとえば200字以内）での要約を求められることがある。最も言いたいこと、重要なことを中心にする。

●問題提起……「序文」でも、「はじめに」でも何でもいいのだが、研究者・学者の論文は、まず「なぜこの論文を書こうとしているのか」、「なぜ必要なのか」という問題の所在をはっきりさせなくてはならない。論文全体の構成内容や、助言・指導してくれた方々やスポンサー、データ提供などでお世話になった人々への謝辞をこの段階で含むこともあるだろう。論文が新しい発明・発見や新仮説を含むときは、その論理的背景なども説明が必要である。問題提起部分では、この論文が何をどんな順序で記述しようとしているのか、を説明することになる。

●先行研究・文献……その論文のテーマに関連した、過去の成果や重要な文献は、その内容とともに、ある程度説明されている必要がある。特にその分野における「エポック・メイキングな研究（論文・著作）」は、たとえそれが今回の論文と異なる結論であっても引用し、必要ならどこがどうおかしいのか、なぜ結論が違うのか、といった点に言及しているべきである。

紙幅の関係もあるが、あまり多くの研究を紹介するよりも、重要な数点――特に今回の研究に直接に影響したと思われる文献何点か――に集中する方が好ましい。論文の中には、「私はよく勉強しています」と言わんばかりに、テーマやトピックにあまり関係のない多くの論文を引用するものを見かけることがあるが、査読をする側の経験で言わせてもらうなら、無駄に量だけ多い紹介は、かえって煩わしいものである。

かつては、重要な先行研究が抜け落ちているケースが多々あった。研究者・学者の目に触れない、埋もれた――そして優れた――研究も少なからず手の届かない所で存在していたからである。しかしキーワード検索や、サーチ・エンジンが進歩した現在において、ネット上にあるメジャーな論文を読んでいませんというのは、言い訳としてあまり有効なものとみなされない時代となっている。従って自分の論文の結論を否定するものを、かつてのように「(知ってか知らずか)無視する」ことは、論文としての前提として、フェアではないと考えられることがあると知っておいてほしい。

●方法論・データ……自分の論旨を証明、もしくは問題性を強く主張するには、それなりの方法論があるべきである。わかりやすく言えば、AだからBというトピックに従った因果律を主張するプロセスにおいて、その論拠をどう示すつもりなのか、というストーリー性の問題だと考えてよい。

論文とは、持論が正しいことを示すもの、あるいは少なくともその努力をするものと考えてよい。たまに複数の論文を比較検討することを目的とした──「メタ・スタディ」、もしくは「メタ・アナリシス」と呼んでいる──ものもあるが、とりあえず例外と考えてよい。持論がないか、あっても正しいことを示す気がないものは、研究者・学者の世界では「問題提起」や「研究ノート」レベル、もしくはエッセーの類とみなされ、学術的な業績とはみなされないか、重要視されないものとなる。

データ分析をする論文においては、そのデータがどのような性質──いつ、どこで、どのように集められたものか、などの情報──であるかを示すことは義務である。データの性質次第では、その論文の重要性に対し疑問符が付くことを覚悟する必要があろう。

データを使用しない論文でも、少なくとも主張の基になる根拠として、データ類似の何がしか(たとえば新たな発見など)を示す必要が生ずる。データのカケラもなく何らかの主張をする場合、読み手を納得させることはすこぶる困難となろう。

●分析・ディスカッション……示された先行研究と、今回示したデータ・論拠などにより、論文の主張を展開するのが、「分析・ディスカッション」のパートである。題(見出し）は「分析」であったり「ディスカッション」であったり、はたまた別の文言かもしれないが、論文の核――内容として論文の中心――にあたる。

統計学的数値を使用するケースは、断定的な結論に至る文章も登場する可能性がある。逆にその結論は、（断定的な）仮説の否定であることもある。グラフや図表が登場するのは、このパートが多い。

データが量的なものでないケースは、論旨の展開は記述的なものとなろう。文章は長くなりがちであり、結論にしても決定的な論拠に至らないものが多くなるだろうが、それは性質上仕方のないことである。

●結論・おわりに……論文の結論を述べる、締めくくりのパートである。もし結論が「仮説の否定」であったり、決定的なものでなかったりしたケースは、なぜそうなったのか――つまり最初に考えたとおりにならなかったのか――を説明することになる。単なる後悔や反省はではダメで、「将来においてこの点を確認したい（そうすればもっと上手くいく）」といった前向きな態度が望ましい。

この部分で謝辞を述べることもあるが、通常は序文などで行なわれることの方が多い。

以上が研究者・学者による通常の論文形式であるが、星の数ほども異なる分野とトピックが存在する関係で、これですべてをカバーできているわけではない。当然ながら例外は少なくないだろう。

　自分のテーマをまとめるにあたり、研究者・学者のフォーマットを参考にしなくてはならないということはない。たとえ正式な研究論文でないものであっても、とにかく思いついたことを「書く」ことが重要なのである。しかし研究者・学者のフォーマットは、少なくとも良い指針になりうるため、真似できる点は真似ることである。

†チャプター（章）構成と、執筆の準備メモ

　アイデアをまとめ終わって、さあ内容を書こうとなれば、まずは目次作りからスタートすることになる。一気に文章を書き始めるのもひとつの方法であろうが、全体の見通しを立てずに書き始めると、設計図のない建築物が建てにくいように、ほとんどの場合ダラダラとした内容になったり、途中で行き詰る。

　メリハリのあるストーリー性を考えるなら、いくつかのパート（チャプター／章）に分け、計画的にテンポ良く進める方が、読む側にとって理解しやすいものとなろう。読み手を納得させたいなら――納得させる気がないなら、本書は不要――章立ては欠かせない。本文の前後に入れる「前書き（または序文や要約）」や、「あとがき、（必要ならば）注釈や引用文献」なども、目次に含まれるべきものである（前書きやあとがきはない本もあるが）。

題と著者の名前（所属や肩書き）などはまだ考えずともよい。

先ほど「アイデアをまとめる」までのノートの使い方を説明したが、目次からあとのページは実際に書くために使用される。

まず、目次の章立てにそって、ノートのページを割り当てていく。各チャプターに1ページ以上を割り当て、「前書き」用のページ、「第一章」用のページというふうに、ページを割り振るわけである。「注釈」用や「参考文献」用のページも用意するが、文献が多いなら2ページ以上の割り当てがあってもよい。

割り当てた各チャプターのページには、その章で書きたいトピックや内容をキーワードなどで示す。わかりやすく言えば「肉付け」をする。そのキーワードが小見出しになることがある。

よほど薄いノートでない限り、まだ半分以上は白紙で残っているはず。心配せずとも、それらにも役割がある。余っているページは、引用文のために使うのである。

引用文のための、本や論文、新聞・雑誌記事などの必要箇所の切り抜きやコピーを貼るページである。この際に注意したいことは、筆者と題名、掲載媒体とその何ページめにあったかなどのデータは、必ずメモしておくこと。

少し長い文（100字以上）を引用すると、よく写し間違いが起こる。人間たるものの自分の慣れた書き方になり、いつも正確とは言えないためである。引用文は改変してはいけないという原則がある。勝手に漢字をひらがなにしたり、その逆をしたりすることはもちろん、誤植に気がついたとしても——引用であるならば——そろえるようにする。書籍などに、ときどき〔ママ〕というルビが入っているのはそのため。原文のママであるとの意である。句読点にしても同じところになくてはならない。

ここまでのノートの使い方をまとめると次のようになる。

●アイデアをまとめる……白紙／ブレイン・ストーミング（見開き）／原案。
●チャプター構成……目次作成／各チャプター用のページ（注釈や参考文献のページも）。
●メモ……いろいろなコピー、プリントアウトなども貼り付ける。引用・参考文献の書誌情報も忘れずに。

その他、ホッチキスや両面テープで必要なものを加えておくことは各自の自由である。

†あれこれ考えるより、まず書いてみる

書店には文章術の本がたくさん並んでいて、かなりの人気であることがわかる。文章を書くのは自転車に乗る練習のようなもので、慣れると難しくはない——名文をめざすのでないならば——が、慣れるまでは何度も転んでしまうだろう。あれこれ考えるより、まず

書いてみることである。

手書きでも文章用ソフトでも何でもよい。自分に合ったやり方で書くとよい。ちなみに筆者はノートに手書きで書き、それを別の人がタイプしてくれる。ノートの利点は、いつでもどこでも作業できることであり、ワープロなどソフトの良い点は、それを直すのに便利であることだろう。一長一短と思う。

本書はいわゆる「である調」で書かれているが、どちらかといえば偉そうな調子の文章である。である調と対比されるより丁寧な調子は、「ですます調」と言う。それ以外の文調もないことはないが、このふたつが基本であり、ほとんどのケースは事足りる。

ちなみにこの文章を、ですます調で書くとこうなる。

「それ以外の文調もないわけではありませんが、このふたつが基本で、ほとんどのケースは事足ります。」

どちらの文体にするかは個人の好みの問題であるが、研究者・学者によるいわゆる論文などは、「である調」が基本とされる。新聞や雑誌の記事も、基本的には「である調」が多いが、少々の権威付けにも役立っているのかもしれない。「ですます調」の方は、エッセーや手紙などに代表される文体であるが、よりやさしい調子とも言えるだろう。

筆者はである調とですます調の文章をどちらも書いてきたが、経験から言えば「ですます調の方が文が続きにくい」面がある。また少々であるが、全体の文章量が増加気味になる。おそらく丁寧さによる文字の増加が存在するのであろう。何かの研究に関するものなら、とりあえず「である調」をお勧めしておこう。

†読みやすさを念頭に置く

「読む人に納得してもらう」ことが、主目的のひとつであるなら、当然ながらわかりやすい文章であるべきだ。長い間文章を書き続けた身として、読みやすい文にするためのいくつかのヒントのようなものを紹介しておこう。

まず、句点（、）をつけるか否か迷ったら、つけた方が良い。文章を口に出して読んでみると、必ず一拍置くタイミングや、息をつく切れ目があるはず。そこが句点をつける最大の候補だと考えるとよい。ヘンな所に句点をつけたり、やたら多くの句点をつけすぎると、かえって読みづらくなる。実際に声に出して読めばわかるだろう。

句読点のもうひとつ「読点」、つまり丸（。）も読みやすさに重要な要素である。一般的にこう考えてほしい、「もし、ひとつの文にするか、ふたつにするか迷ったら、ふたつにすべし」と。

ノーベル文学賞に輝く、川端康成の『雪国』は、こんな文で始まる。

国境の長いトンネルを抜けると雪国であった。夜の底が白くなった。信号所に汽車が止まった。

向側の座席から娘が立って来て、島村の前のガラス窓を落とした。雪の冷気が流れ込んだ。娘は窓いっぱいに乗り出して、遠くへ叫ぶように、

「駅長さあん、駅長さあん」

明かりをさげてゆっくり雪を踏んで来た男は襟巻で鼻の上まで包み、耳に帽子の毛皮を垂れていた。

もうそんな寒さかと島村は外を眺めると、鉄道の官舎らしいバラックが山裾に寒々と散らばっているだけで、雪の色はそこまで行かぬうちに闇に呑まれていた。

まとめようと思えば、もっと少ない読点で済むのは明らかであるが、川端はあえて文を短く切っている。読者に情景を考える時間（間）を与え、遅めのテンポを促すことで、読者に状況をわからせようという感覚は、作家としてほとんど本能的なものに違いない。

ブチブチと切ればいいというものではないが、文字の多い文よりは、少ない文をめざすものと考えられたい。ひとつの考え方として、例外はあるものの「4行にわたるような文

になったら、あまり良くないのでふたつに分ける」と思った方がよい。

団塊の世代の人々が気をつける点として、若い人があまり使わない漢字を使用することが挙げられる。たとえば「もしくは」を「若くは」と書くと、若い年代は「わかくは」と読むかもしれない。これは自戒も込めての話であるが、かつてあたりまえのように使用した漢字の中には、使用すると特定年代層の人々に読みづらいものがある、という事実が存在するのである。「拘らず（かかわらず）」、「例えば（たとえば）」、「今日は（こんにちは）」などは、今ではひらがなにするケースの方が多いようである。

送りがなは頭の痛い問題である。たとえば「おこなう」という漢字は、正しくは「行う」であるが、「おこなった」とすると「行った」となる。これは「いった」とも読めるため、「おこなう」はわざと送りがなに「な」を入れる人もいる（たとえば筆者）。「今日は」は、「きょうは」とも読めることに気づいた方もおられよう。迷ったときはとりあえず辞書に従うのが正しい態度である。

†文章の練習に、15分スピーチ特訓

文章ができ上がったものとして、それを読んでもらって「他人に説明できるか、ちゃんと聞いてくれるか、そしてわかってもらえるか」が最初のハードルである。そして次のハ

ードルは、それを「納得してもらえるか否か」ということであろう。

まずお勧めしたいのは、内容を15分程度のスピーチとしてまとめてみることだ。

なぜ15分か、と聞かれると少々困る。14分でも16分でも、あるいは10分でも20分でも悪くはないのであるが、とりあえずまとめる時間として、15分くらいを目安にしようということにすぎない。聞く側も1時間というより30分。30分というより15分くらいで説明されることを望むのは、自然なことである。要は「15分間という時間で、言いたいことのエキスを伝えられるか」という問題である。

知的生産活動に、もしすでに「同好の士」がいるなら、完成した15分スピーチを聞いてもらうべきである。良いところ、悪いところなど、いろいろと指摘してくれるのはありがたいことだと考えるべし。逆にあなたも、仲間のスピーチを聞き、可能ならいろいろと指摘してあげる。

それが仲間の意義であり、研究への新たな意欲や、くじけそうなときの励みとなる。そして、さらに「メンター（mentor）」――自分が目標・規範とする人――を持つことは自分の研究の役に立つ。メンターはひとりとは限らないが、特にその思想・行動などはお手本になる。何とかその人のレベルに近づこうとするのが常である。

メンターと出会うためには、類似テーマの研究発表会に積極的に足を運びたい。そこで交流したり、ときには発表者へ鋭い質問を行なうことで、同じトピックの仲間が増える可能性がある。あなたが磨いた15分スピーチも披露できるかもしれない。つまりスピーチの力は、「同好の士に呼びかける手段」でもあるわけである。

†研究発表（プレゼンテーション）の方法

では具体的に、人前で発表する場合を考えてみよう。

15分スピーチは短時間なので、長々と自己紹介をしたり、謝辞を述べる時間は惜しい。するにしても最小限。ただし導入部で皆の注目を集める話への入り方——一般に「ツカミ」と呼ばれている——は重要で、ジョークを入れたりするのもひとつの方法である。一般にスピーチの上手い人は、このツカミを上手く利用して、自分の本題への道筋とする。日本人には（残念ながら）あまり得意なスキルでないような気もする。

原稿の棒読みは少々聞き苦しい。自分のしゃべる内容を確認するために、原稿を用意すること自体は誉められることであるが、本番でそれを読むだけなら15分もしゃべる必要はない。皆に配って、読んでもらえばよいだけのことだからだ。

昨今のプレゼンテーション（プレゼン）は、パワーポイント（PowerPoint、パワポ）を使用することが多くなっている。特に学問分野の発表の過半数は、パワポを使用したものになっている。

パワポを使うか使わないかは本人の好みだが、少々入り組んだ内容では、ビジュアル情報を使用せず、言葉だけでプレゼンするのは困難な作業である。いずれにせよある程度はそのコツを知っておいた方がよいと思われるので、パワポのプレゼンについて少し説明しておこう。図-4は、プレゼンテーションにおけるパワーポイント画面の例である。

パワーポイントはかつてだったらプリントして配布していた参考書類をスクリーンなどに映して、会場の参加者全員が同じ画面を見ながらプレゼンを聞くことができるのが利点。動画を混ぜることもできる。このパワポ画面の構成に上手い下手が現れる。

学会などでも、ひとつの画面に多くの写真やグラフ、文字を並べたプレゼンを見かける。研究成果を詰め込みたい気持ちはわからなくもないが、あまり欲張るのはやめた方がよい。見ている側にとっては負担が大きいし、伝えたい情報のインパクトも弱まる。極力少ない文字と厳選したビジュアル情報を中心にすべきで、必要ならスピーチで補うようにした方がよい。

パワーポイントの1画面には、ひとつの項目、もしくはそれ以下の情報だけを入れるようにするのがよい。効果的に情報を伝達するのが主目的であるから、より重要なキーワードは大きく書く。

図-4　プレゼンテーションの具体例

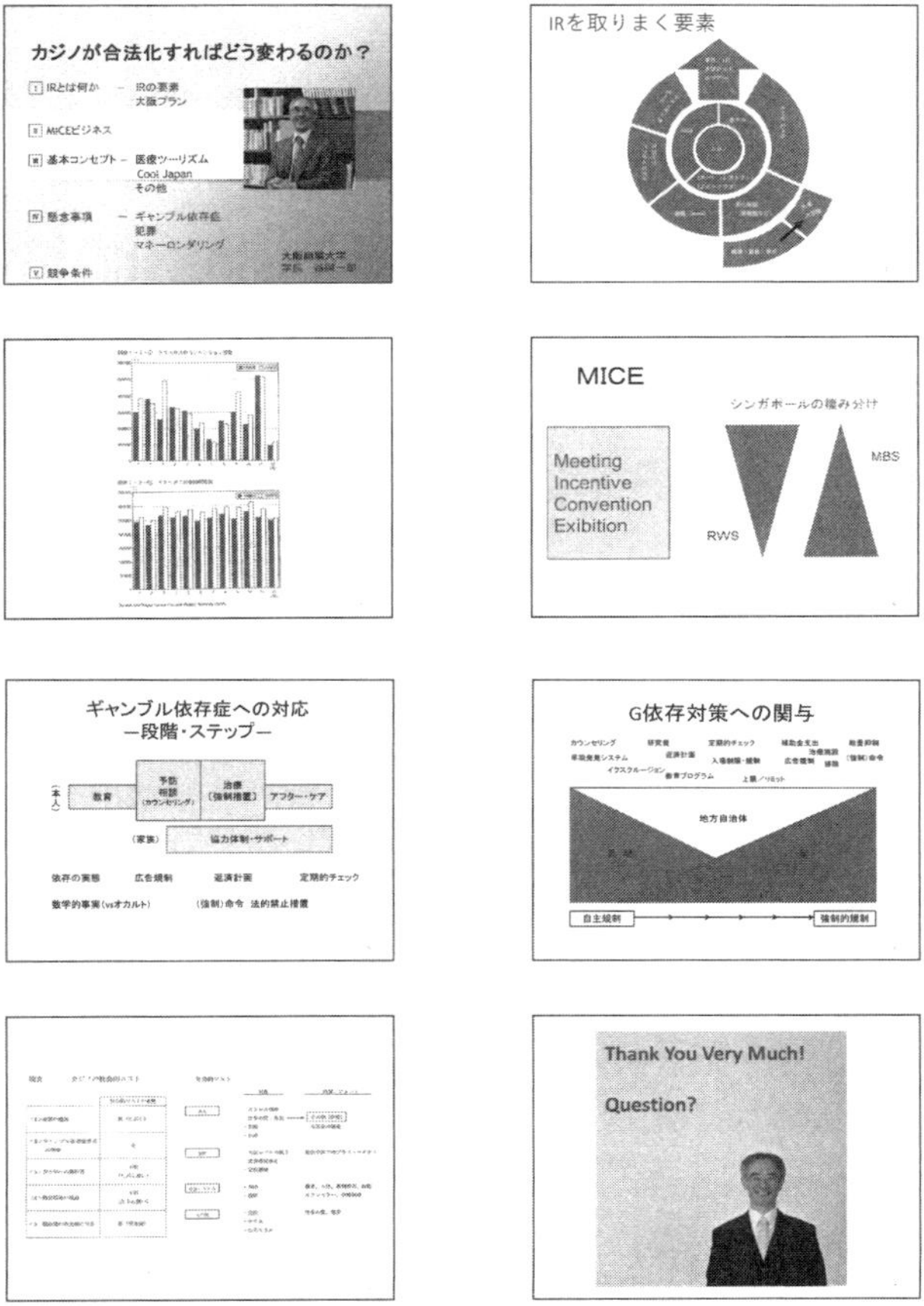

15分スピーチなら、パワーポイントのページは表紙を含めて8画面かそれ以下にしておいた方がよい。やはり欲張りすぎると、発表の焦点がぼやけるし、聞く側も混乱するからである。さらに、8画面というのは4画面ずつまとめて、A4用紙ウラオモテ1枚に印刷することを考えてのこと。つまり、パワーポイントを使わず、紙で資料配布する場合も、見せ方のコツは同様だということである。

†著作への道

15分スピーチができるようになったら、次はその研究をさらに大きく育てることを目標とする番である。15分スピーチが数本できた時点で、一冊にまとめる方向を目指すのが、意欲的かつ健全な考え方である。

よくまとまった15分スピーチ2本で、本の1章に相当することは多い（参考図表などを含む）。もちろん2章に分けてもよいし、いくつかのスピーチ内容をまとめて1章にしてもよい。だいたい5〜8章で新書1冊（400字詰め原稿用紙250枚前後）である。あとは構成（目次、チャプターの並べ方）ということになり、どのようにつなげばテーマやトピックがより効果的に伝えられるか、その流れを考える。

一般的には、「なぜ、どんな目的でこの本を出し、要約するとどんな中身であるのか」

という説明が最初にあった方がよい。話をどうスタートするかは重要で、書き出しにもっとも時間を書ける作家もいる。本のまえがきや第一章（序章）を読んで本を買う決断を下す人は少なくないものと考えてほしい。

最終章は通常、「まとめと結論」の章であるが、くり返しになりがちであるため、もし「本文で充分に説明されている」と思うなら、まとめは別になくともよい。ただし、研究発表であるなら、参考文献の一覧表はあった方がよい。

アマチュア研究家の著作は、ページや全体の量が多くなりがちである。あれも入れたい、これも言及したい……と、多くの情報を入れたくなる気持ちはよくわかる。わかるが、常に読む人の身になって書いてほしい。

ずばり、分量は思い切って削ることである。

もっともっと入れたいことがあっても構成の流れを考えて見切りをつけ、ひとつのストーリーとしてまとめる。ちなみに大学の研究者の場合には、「まだ不充分かもしれない。新たな情報があるかもしれない……」と心配になって、著作にまとめるのを先に延ばしがちになる。一定量以上になったら、それを思い切って中断する勇気も大切である。

まずやってみる。15分スピーチにせよ、研究のまとめや発表にせよ、その気になってやってみないことには始まらない。やってみることは、近道に見える遠回りでもあるし、また遠回りに見えて、なんとなく近道にも通じているものなのである。

さて、やってみる気になったでしょうか。

†コラム "Breaking New Snow"という問いかけ

筆者にはメンターと呼べる、親しみを持って尊敬する人が3人はいる（または、過去にいた）。その3人のひとり、元フェアリー・ディッキンソン大学学長のマイケル・アダムスは、スピーチの大家でもあった。過去形で書いているのは、若くして亡くなってしまったからであるが、彼がしゃべると、聴衆はいつの間にかときを忘れて聞きほれたものだった。

そんな彼が卒業生たちに送った「Breaking New Snow」という題のスピーチがある。それはこんな内容である（谷岡による要約と少々の脚色）。

・犬橇《ぞり》レース

世の中にはいろいろなスポーツがあるが、その中でも過酷なレースとされるのが、「犬橇による北極点踏破競走」である。十数匹の犬が数名のクルーと荷を乗せたそりを引き、北極点をめざす競走で、ゴールには約2週間かかるレース・スポーツである。

先行する犬橇の通った轍をたどって行けば、一応安全にレースを進めることができる。しかしそれでは決して優勝する（もしくは上位に入る）ことはできない。いくつかのチームが必ず先行しているからである。

長いレースでは、勝負を左右するチャレンジがいくつか行なわれる。先行する轍のない新雪に分け入り、より近道を狙うのである。成功すれば時間を大きく挽回できるが、雪の下に何がひそんでいるかは不明である。クレバスがあって前に進めなくなるなど、続行不能になる事故が起こる可能性もある。しかし勝つためには必要なリスクである。

逆にこう言おう。「リスクをとらないチームは、2番手以降に甘んじるだけで、たとえ完走しても、その勝利の喜びは、チャレンジしたチームに比べて大きなものではないだろう」と。新雪に分け入る決断——つまり“Breaking New Snow”のリスク・テイキング——は、レース中の適当なタイミングで、そして何度かなされなくてはならず、「そうする者の中から真の勝者が生まれるのだ」と。

この過酷なレースが、人生の比喩であることは、すでにおわかりのことと思う。つまりあなたがた卒業生の人生の競争において、リスクをとりすぎると重大な失敗をする可能性が高まるが、リスクをとらないで2番手に甘んじ続けるのもまた、真の勝者になる道ではないのだと知って欲しいのだ。

もうひとつ重要なことがある。あなたがその犬橇レースのチーム・リーダーだと仮定するとき、あなたの決断した"Breaking New Snow"に皆が従うか、という点である。もしあなたの過去の決断が充分に思慮深いものであれば、クルーたちはおそらくついて来るだろう。もしあなたが、皆のことを常に考えているリーダー――つまり皆があなたを慕っている――なら、クルーたちはあなたの決断を成功させようと、嬉々として最大限の努力をするだろう。つまり、成功の鍵はあなたの人間力なのである。

卒業生の諸君、もう一度言おう、「君たちはザ・リーダーにならなければならない」、そしていつかは「新雪に入る決断をしなくてはならない」のだ。

こんなスピーチを聞かされた卒業生の心は、燃えに燃えて社会に出ていくことだろう。マイケル・アダムス学長は、世界大学学長協会(IAUP)の会長まで務めた経歴を持つ人だが、2012年任期中に亡くなってしまった。現在IAUPは3年に1度の大きな大会時、高等教育に多大な貢献をした人を表彰しているが、その名称は「マイケル・J・アダムス・アワード」という。ちなみに第1回(2014年)の受賞者はパン・ギムン(当時「国連事務総長」)、第2回(2017年)はアラン・グットマン(国際教育機構IIE会長)である。

さて、まだやってみる気になっていない方々。あなたがたはいつ新雪に分け入るのでしょうか。「そのうち」ですか、それとも今でしょうか。

第六章

本物を知る世代の新たな冒険

†パワフルな団塊の世代が世の中を変える

第一章でも触れたように堺屋太一が命名した「団塊の世代」は、日本では過去に例を見ない人口構造の中で育った。同世代が多い中で過酷な競争を経験し、独特の生活様式――独特の「文化」と言ってもよい――を切り開いてきた世代と考えてよい。初めてクラシック以外の海外の音楽を受け入れたり、初めてコンピュータと向き合い、キーボードに英字を打ち込むことに抵抗を感じなかったなど、多くの新しい知見を導入した世代でもある。そして何より、（明治以来）初めて「能動的に世の中を変えようとするエネルギーが爆発した世代」であることが、本書にとって特に重要な点である。とにかく「パワフルだった」と言えるのである。

世の中の変化は、それが大きなものであれ小さなものであれ、何らかの反発・反対を受けるとしたもの。水に投じた石のように、水面を波立たせ、ついでに水底の土を動かす。そしてそれまでの状況に甘んじていた人々、もしくはそこから利益を得ていた人々の神経を逆なですることは必定である。

何かを変えることは、それら反発・反対の声を押し切るだけのエネルギーを必要とするがゆえに、現在の日本人の多くは、「変えないで済むなら、まあいいや」といった、ネガティブな態度が慣習として根付いてしまっているようだ。

団塊の世代は少なくとも、既製のステイタス・クオ（現状肯定・維持）に挑戦した。それまでの殻を破るエネルギーは、莫大な量を必要としたであろうが、人口の多さと競争の激しさとがそれを埋めたのだろう。結果として、1970年代、80年代は、社会構造や内容に加え、生活様式や文化までが激変した時代となったのである。

世の中を変える大きなエネルギーは、主として「競争環境の中に生ずる」というのが歴史の教えるところ。ところが団塊の世代は、過酷な競争を強いられてはいたが、少なくとも政治・経済体制は――反対運動はしばしば起こってはいたにせよ――安定した中での競争であった点に注意を喚起しておこう。つまりその生じたエネルギーは、体制打破や対外戦争といった外部的なものでなく、生活様式や文化の変革といった内的なものに向かったのではないか、というのが筆者の仮説だ。むろん安保闘争に代表されるように、対外的なものに向けられたエネルギーもあったにせよ、その量と質とは限定的なものに過ぎなかった。海外に見られるような命がけのデモや闘争と比較して、トータルのエネルギー量は当事者たちが考えているほど高いレベルではなかったと考えるのである。

世の中を変えるエネルギーの大半は、内側に向かって行った。それが団塊の世代による慣習の打破につながったのだろう。

†団塊の世代が変えてきたもの

我々の社会を見渡してみると、今となっては「あって当然なこと」の多くが1970～90年くらいに生まれていることに気づく。思いつくまま挙げてみよう。

まずは「ファッション」。ミニスカートや短パンなどを考えてみられたし。もし団塊の世代の親が若い頃にそのファッションで外を歩いたなら、警官に呼び止められても不思議でないほど、旧世代には大胆な行為であったはずだ。ファッションは、団塊の世代が習慣を打破した代表的文化である。

その後もファッションは、写真だけで時代がわかるほどの変化をし続けている。いまなら下着が透けて見える服や、くるぶしの見える靴や靴下、シャツをズボンの外に出したり、ズボンをわざとずり下げたりしても誰も気にしない。ピアスやマスカラを含むメイク、髪を染める行為、イレズミ、職場でのカジュアルな服装なども同様だ。とは言え、現在のファッションが否定され、「古い」とか「ダサイ」とみなされる時代が5年もすればやってくるのは、ほぼ間違いない。

ファッション以上に変わったのは、人々の「衛生感覚」かもしれない。いまのように飲み水はペットボトルや浄水器の水などでなく、すべて水道水か井戸水。風呂付の自宅はほとんどなく、かといって風呂屋へ毎日行くわけではない。袖で鼻をふく子どもはどこにでもおり、消毒液や抗菌グッズなどは影も形もなかった。過去の世界がどれほど臭かったかは、映像ではわからない点である。「健康に対する意識」は大幅に変化し、それによって寿命が伸びる効果はあったにせよ、そのぶん病気やアレルギーに対抗する力が落ちているのも間違いないだろう。「花粉症」は最近急激に増加した。ほかのアレルギーも同様である。

「技術革新」は、有史以来それまでになされたすべてを合わせるほどの質と量を含む。筆者のおばの家に電気冷蔵庫が据えられたのは、1960年代も半分を過ぎた頃であったと記憶しているが、洗濯機、掃除機、エアコン、カラーTV、ステレオ、パソコン、電気毛布、あるいは電子レンジやオーブンなどの調理器具は、筆者が子どもの時代にはそもそも(見えるところに)存在しないものであった。かつてのダイヤル式電話機など、ケータイやスマホの登場以後に生まれた若者には、まったく想像できないものに違いない。

「安全・安心」の意識も大きく変わった項目であるが、現代社会は「プライバシーの尊重」も同時に要求されている。団塊の世代が子どもだった頃の日本社会が、どれほど犯罪の起こりやすい危ない社会だったかを知る人は少ない。そして、プライバシーや人権などが、それほど守られていなかった——セクハラ・アカハラ・パワハラなど日常茶飯事であった――のも事実である。現代の、たとえば街頭カメラの設置は、プライバシーの尊重には不向きであるが、安全・安心には有効である。

ここで言いたいことは、こうした生活様式の変化を引き起こしたエネルギーは、主として「団塊の世代がもたらしたものだ」という事実である。変化には功罪がつきものであるが、もしタイムマシンがあって、数十年前の日本社会を観察・経験する機会があれば、大いに違和感を覚えるだろう。

よく「むかしは良かった。なぜなら……」と懐かしむ人はいるが、実際過去の世界へ行ってみると、年をとった人でも困惑することは少なくないだろう。あなたはたとえば、トイレットペーパーもシャワートイレもなく、よくて桜紙しかなかった時代に戻れますか？三日に一度しか風呂に入れなかった頃の生活が本当になつかしいですか？

†価値観革命の世代

「ビートルズ（The Beatles）」の4人の音楽が日本に紹介されたとき、当時高齢に達していた人々を中心に、口々に批判がくり返された。曰く、「なんてウルサイ音だ」、「なんてひどい髪型なんだ」と。別に髪型と作り出される音楽に関係があるとは思えないが、「あんなもん、日本の歌手以下だ」、「歌唱力がない……」などと、いまの感覚で考えるなら、不当とも言える感想を多く見聞きしたものであった。

1968年にビートルズが来日したとき、その価値を正しく見抜いていたのは、当時の若者たち、つまり団塊の世代であった。別にビートルズに限定した話ではなく、ベンチャーズ、ローリング・ストーンズ、クイーン、シカゴ、ビージーズ、ピンク・フロイド……と、新しい音楽にトライした何百のグループの中から、「真に評価されるべきもの」を見出したのは、その頃の若者たちである。ただし日本は、すでに海外で評価されたもののうち、いくばくかを受け入れる形ではあったが、海外でその新しい音楽を評価したのもまた、その国の若者たちである。

1960年代は、アメリカを中心とする人権運動や反戦運動が起こり、既存のパワーやその価値観に対する一種の反骨精神が台頭していた時代でもあった。クイーンだ、ビートルズだ、と挙げたグループの服装や髪型などのファッションは、その象徴的意味があったのかもしれない。多くの人々が真似をした。

いつの時代においても、「若者の新しいチャレンジに対し、年配の人々は嫌悪感を示し、否定的なコメントがいくつも出てくるものだ」というのは、正しい意見と認めよう。しかし1960年から80年代にかけての「価値観革命」――この言葉は筆者の勝手な呼び名にすぎない――は、それまでの新しいチャレンジの枠を大きくはみ出していた、いわば「大きなうねり」のようなものだったと考えられるのである。

現在筆者は齢を重ね、テレビをつけるごとに登場する見苦しい体型の人々（単なる肥満体ややせすぎ）や、歌唱力のない（ダンスだけ上手い）歌手やグループを観るのは、ある種の苦痛の域にある。はっきり言って若者のカルチャーの多くは、軽薄なものに映るのである。

「すべての領域において大半はクズである」というのは正しいと思う。ポップ・カルチャーや芸能世界に限らず、絵画や小説の世界でも、歴史の審判を通過できるのは、ほんのひと握りである。雨後の筍のように生まれたグループ・サウンズ時代の大半のバンドは消えてしまったが、その中から山下達郎、堺正章、沢田研二といった真の力量とタレント性を持った人間は残った。また実力者どうしが新バンドを結成した例も多数ある。ひと握りの優れたものの中から、次世代の新しいカルチャーが育ってゆくものなのである。

しかるにダンスだけ上手いアイドルたちの中にも、次のカルチャーを育む人々がいてもおかしくはない理屈である。歌の下手な歌手については、絵の下手な画家のようなもので聞く価値はない、と考えている筆者の疑問に、誰かが答えてくれる日を待つことにしよう。今の若いグループの中から、何か新しい想像もしなかったものが生まれてくる日を。

†コラム　イエスのコンサートにて

筆者はいわゆるプログレ（プログレッシブ・ロック）のファンで、特にピンク・フロイド、ムーディー・ブルース、キング・クリムゾン、ＥＬＰ、イエスなどが好みだ。嬉しいことに、これらのメンバーの多くは健在で、若干のメンバー入れ替えはあるものの、まだコンサート・ツアーをしてくれている。２０１７年もイギリスでピンク・フロイド展を観たり、日本にやって来たイエスのコンサートに行ったりすることができた。

イエスのコンサート会場は、いわゆる「その筋のおっちゃん」だらけである。すでに髪は薄くなり、腹はつき出ているが、この団塊の世代の何人かと会場内で話す機会があり、納得したことがある。それは、「（この人々は）本物を知る世代である」ということだ。

ギタリストはギターが上手くないと失格であるし、ボーカルは良い声を持ち、歌い続ける体力もいる。ドラムもキーボードもすべて同じことで、「ダメな奴は入れ替えりゃいい」という厳格な哲学を持っていた。それがプロなのだから、と。

おそらく自分たちが厳しい競争社会にいたせいもあるのだろう。自分に厳しかったぶん、他人にも厳しく、いわんやプロなのだから並のレベルでは不充分だというわけである。コンサートに来ている人々は、かつて何かの楽器をやっていた人も多く、そのぶん耳も肥えている。本物でないと金を払う価値はないらしい。売店のグッズをほぼ全員が「大人買い」していたのも特徴といえるだろうか。彼らは団塊の世代の中でも、地位的・経済的に、平均以上の成功を遂げた人々なのだろう。

よく探すと、親につれられた若者の姿もチラホラといる。そのうちのひとりは父親の影響でプログレを聞き始め、ファンになったと言っていた。「ボーカルの厚みがぜんぜん違う」というコメントもあったが、何と比べて違うのかは聞きそびれてしまった。

イエスというグループのボーカルは、ジョン・アンダーソンという小柄な男性で、はりのある美しい声をずっと続けても声質が落ちない。歴史に名を残すグループを思い返してみると、どのグループも超人的なボーカルを持っていることに気がついた。音楽のグループたるもの、まず歌が上手くないと価値は半減するのである。この若者たちが、日本の（歌のヘタな）グループのファンに戻ることはあるのかしらん。

夏コンサート　安保世代の　夢のあと（字余り）

---

†クール・ジャパンは身近にある

昨今、日本独特の文化、様式、ローカル製品などの良さを見直し、積極的にアピールしていこうとする動きが起こっている。漫画／アニメーション、日本食や酒、着物、寺社仏閣などが中心であるが、それらに限定した話ではない。俗に「クール・ジャパン（Cool Japan）」という呼び名で知られている。クールとは、もともとは「冷たい」という意味であるが、アメリカの日常会話では、「凄い／カッコイイ」という意味で使われることの方が多くなっているようだ。

クール・ジャパンのうち、ローカルな製品については、伝統文化でないものも少なくない。単なる文房具やアクセサリーなど、いくつかのサブカルチャーを融合したものや、それに創意工夫を加えたものが日本中に（各地に）ある。つまり日本（もしくは各地）でしか見つからない何か特別なものや場所も、クール・ジャパンの一部であると考えてよい。そしてこれが言いたいことの主眼であるが、日本独特の創意工夫は、日本のビジネス環境――特に競争環境――あってこそ生まれたものであり、その活力を担ってきたのは、主として団塊の世代だと考えられるのである。

日本人にはあたりまえすぎて、あまり気づかないことであるが、日本のデパートの地下食料品売場（「デパ地下」）は「世界で最も珍味が集まる場所」である。海外からの訪問者を案内すると、まず驚異の目で受け止められる凄い場所、つまりクール・ジャパンのひとつで、筆者が案内した友人は、1週間ずっと通って、順にいろいろな珍味を試していたほどである。

海外のスーパーやフード・コートに行ってみると違いがわかる。大量生産のパンや（甘すぎる）おかし、缶詰め、ジュース類が並び、野菜やくだものの中には品質の悪いものが混じる。安いことは確かであるが、大量生産で普及したこともあって、変化に乏しい。

その点でデパ地下は、食材は新鮮かつ豊富にあり、手を加えられたもの（惣菜）も美味で、少量でも丁寧にパックしてくれる。パンやスイーツ類も、工夫をこらした上に健康にも配慮されており、おそらく味も海外の本家をしのぐだろう。きれい好きな日本人らしく衛生的で、それでいて決して高すぎない。これらは競争の結果、勝ち残ったものであるが、まさに食料品売場は奇跡的なクール・ジャパンなのである。

便利で安いマーケットの代表は、コンビニエンス・ストア（「コンビニ」）であろうが、そこでも創意工夫による競争は激しい。うちの近くのコンビニのコーヒーやおにぎりなどは、「世界で最もコスト・パフォーマンスの良い食料品」ではないかと考えている。

†団塊世代は工夫する

戦後まもなくの頃から、日本という国は新しいものを発明するより、すでにあるものを改良して製品化することに長けていた。少なくともそのように見られていた。トランジスタ・ラジオや小型車のように、小型化した普及品を数多く製造した。普及品だけでなく、性能の高いテレビやカメラなども作り、のちにはビデオデッキや半導体市場も席巻した。輸出によって日本がかなりの黒字を計上することができたのも、製品化に加えた創意工夫が、他国との競争力を上回ったという点が大きかったのである。

工業製品以外でも、競争環境は熾烈を極め、多くの分野において他国が勝てないレベルのものを作り上げることに成功した。料理の世界でも、他国の味をうまく融合することに成功した代表は日本の料理人である。フランス料理でも中華料理でも、日本の考え方を発展させ、中間的なものを作り上げることに成功しているが、それはイタリアン、コリアン、アメリカン……と広がりを見せた。

結論としてこう言ってもさしつかえないと思う。伝統芸能以外のクール・ジャパンのコンテンツの多くを生み出した原動力は、まずもって団塊の世代の競争エネルギーにあった、と。

†クール・ジャパンとバッド・ジャパン

クール・ジャパン・キャンペーンは、日本のクールな点の強調であるが、日本には他国と比べて劣っている点も多くある。クールの反対の「ホット（hot）」もアメリカでは肯定的で良い意味に使われるため、「ホット・ジャパン」などと呼ぶわけにはいかない。そんな用語はないと思うが、呼ぶとすれば「ストレンジ・ジャパン（Strange Japan）」か「バッド・ジャパン（Bad Japan）」とでも言うべきだろうか。変えるべきなのに変わらない部分である。

バッド・ジャパンの代表格は、まず「官僚制度」だろう。規制と利権で人々の動きを封じ、新規参入者にとてつもない障壁を作っている。官僚たちがそうするのは、定年後の再就職先（天下り先）を確保するため、という理由がかなり大きい。これはビジネスの世界に限らず、ほぼすべての省庁に共通することである。しかもすでにある壁の打破は、他国に比してかなり難しいイメージがある。

「（主として公務員による）事なかれ主義」も似たようなものと考えてよい。いわゆる「お役所仕事」であるが、効率が悪く融通のきかない仕事をしているところが多い。筆者が関係している教育界においても、たとえば公立の高校と私立の高校を比較すれば、同じような教育内容にもかかわらず、教師が公務員の身分の公立高校は、私立高校の約3倍の公費（つまり税金）を使っている。ひとりの高校生を1年間教育するための経費として、公立で約92万円（私立は27万円）かかっているという計算である（2015年、大阪府の数値）。これは教員個人の能力差と言うより、システムの効率性の問題だろう。

同様の計算を国立大学と私立大学にあてはめるなら、国立大学生ひとりは、1年間に2

20万円の公費を使ってもらえるのに対し、私立大学への補助を平均するとひとりあたり17万円程度にすぎない。全大学生に対する公費支出割合はOECD諸国30ヶ国の中で最下位（2017年、9月の統計）であるが、国立大学だけならOECD1位のスウェーデンより恵まれている。医学部や理工学部など、経費の高い分野が国立大に多い分を差し引いても差は縮まらない。公的機関の何という効率の悪さであろうか。

「事なかれ主義」は、公務員の間だけでなく、今や民間の企業体の精神まで蝕んでいる。その背景には、「マスコミがいわれのない攻撃を始めると、正当な論議が通用しない」という不幸な状況が存在するようだ。どの組織も、既存の価値体系に対し、「自分からはなるべく波風を立てない」ようにする力学ができ上がってしまっているのである。つまりここで主張すべきもうひとつのバッド・ジャパンとして、「マスコミ」を挙げたい。

リベラル――俗に左翼――に相当するといわれる新聞、雑誌、テレビ会社がひどい。言論の府を宣言しているくせに、自社に対する公開質問は無視し、特定サイドの意見を「報じない自由もある」などと平気でのたまう。これらマスコミが、本来あるべき姿から乖離していることは間違いない（偏向は日本独自の問題ではない。他の先進国でも類似の問題――もしくはより酷い状況――は起こっているようだ）。なお、メディア媒体が国家の言いなりで、言論の自由さえない国は、もともと先進国を名乗るのに充分とは言えないことは確認しておこう。たとえ経済規模がどんなに巨大であったとしても、である。

あとひとつ、筆者が大きく危惧するバッド・ジャパンは、これまでの内容と多分に重なり合う部分が多いのであるが、「日本人の内向きの受身姿勢」である。特に若者のそれを心配している。

†若者たちの逃避傾向

おそらく大人たちに責任があるのだろう。昨今の若者たちを日々見る立場として感じるのは、若者たちには「勤勉」、「やさしい」、「素直」という良い面は認めるにせよ、反面「画一的」、「内向き思考」、「元気（覇気）がない」といった点が目立つことである。かつて大量に存在した、「規格外れでやんちゃだが、元気いっぱいの人間たち」は、かなり少なくなってしまっているようだ。

筆者が関わる国際交流について述べるなら、かつて1年に8万人以上が海外留学に出て行ったものが、最近6万人以下に下がってしまった。事態を重く見た関係者たちは、特別な予算を組み、何とか増やそうと努力しているものの、根本的解決には至っていない。留学は自分で決心し、少々の困難や不安があろうとあえて行ってみることに意義の大半があるからで、「不便な部分を排除して、利便性を増し、補助してあげますから行きなさい」

では、得るものが少なくなるのである。

留学生数減少の大きな原因には、経済事情や少子化も考えられるが、それ以上に日本社会が便利で住みやすく、冒険してまであえて海外へ行きたいとは考えなくなってしまったことの問題が大きい。日本からどの国へ行っても、通学、医療体制・衛生面、食生活、コミュニケーションなどで不便を感じ、現況で満足してしまうのだろうか。悪く言えば、勇気と決断が足りないのである。

†マニュアルの弊害

第一章で言及したが、日本の受験問題から、教科書の範囲を逸脱した難問・奇問が見られなくなって久しい。定められたテキストを暗記する能力が重要視され、想定外の問題や、思考力・応用力を問う問題に対して、苦しまぎれでも何とか答をひねり出すことは求められなくなった（いまごろになって国も対応を考え始めてはいるが）。

しかし、社会人を経験した人間には自明のことであるが、実社会では答えの不明な問題が次々と発生する。より上位の地位にある者ほど、思考力と想像力、そして決断力が必要とされるが、程度こそ違え新人とてそれは同じこと。人間は何度も教科書やマニュアルにない決断をし、ときに失敗し、成長していくものである。実社会がそんな状況であるのに、大学の現場では、未だに「5つのうち1つ正解があります、どれでしょう」というテストをする。なんとも不思議な光景である。

大学や高校の試験同様、実社会も徐々に「マニュアルに頼る比率」が増えているように思える。ファースト・フード・レストランやコンビニエンス・ストアなら、「いつも同じ対応を受ける」という安心感もあるので別に文句を言うつもりはないが、たとえば筆者がよく使う新幹線（東京―新大阪間が多い）内のアナウンス（録音されたものを含む）も杓子定規でいつもマニュアルどおり、かなりくどいものだ。危険物持込みの禁止や、荷物をちゃんと載せましょうという、ワケのわからん放送が、英語も含めて延々と続く。「たばこを吸われるお客様は3号車、7号車、15号車で……、10号車はグリーン車」云々は、たばこを吸いたい人が乗員に聞けば済む話である。発車してから自由席は何号車と何号車と言われても何の役にも立たないだろうし、乗車したほとんどの人はすでに知っている。これら不要なノイズは、「自分たちはちゃんとお知らせしました」という免罪符にすぎず、必要があるかないかよりマニュアルでそう強制しているにすぎない。

切符の検札にあたり、「特別割引のあるもの（老人や団体など）や席を替わったケースは証明書をお願いすることがある」などと長々と説明することも不要だと思うが、もっといらないのは、「車掌は〇〇、パーサーは××と△△……」などと名前を開陳する放送。いったい何のためにやっているのだろう。一連の長ったらしい説明のあと、今度は社内販売の決まり決まった放送が入る。「時代の先端を行く雑誌……、どうぞお声掛けください」などという毎回代わり映えのない（つまらん）アナウンスで読書の邪魔をしてくれるのが常である。いっそ放送のない車両を設置してはどうか。

こうしたすべてのアナウンス類は、日本の特徴のひとつであるが、すでに乗る前から「ホームと列車ドアが広く開いているケースがありますので……」とか「お子様の手を離さないで……」などと耳がおかしくなるほどくどくどくウルサイ。ヨーロッパ諸国では何の放送もなく、発車ホームが変わっているケースなどざら。いつの間にか発車し、いつどの駅に着いたかもわからないが、それは「自分でチェックしなさい」ということなのであろう。

JR東海を例にとったが、「日本社会全体でマニュアル対応が増殖している」という言は多分その通りで、ひとつにはそうすることで「クレームを処理しやすい」ということもあるのだろう。そもそも理不尽なクレームに対して、必要もないのにペコペコするから、モンスタークレーマーが威張るヘンな社会になってしまった面もあろう。

マニュアル対応は、「教科書にあるとおりやっておればよい」という日本の受身教育に慣れた人材には、比較的便利なツールなのかもしれない。おそらくいまの若者には違和感の少ないものに違いない。しかし、実社会における予期せぬ事態に適切に対処する能力―

――自分で考え、自分で決めるという能力――は育っていかない。マニュアルには重大な欠陥があることも確認すべきである。

†トレンドを追う生き方の虚しさ

マニュアル人間は、「他人と違う状況を嫌う」という思考プロセスと力学を持つものだ。音楽の好みすら誰かに仕掛けられた「ダンスだけうまいグループのものを受け入れている」話をしたが、ここでは再度「ファッション」を取り上げてみよう。

若者たちに限らず、人々は自分の個性を出し、他人との差別化を意識した上でファッションに工夫を凝らすものである。しかしその実、知らず知らずのうちにお手本を求めていることに、気が付いていないケースが多い。本屋で雑誌のコーナーに行ってみると、女性のファッション雑誌は数え切れないほどもある。その雑誌類は、フォーマルとカジュアル、年齢層などで細分化され、メイクの方法も含めて、有名モデルの指南書のような位置づけになっている。むろん少ないながら、男性向けのものもある。

そもそも有名モデルと自分を重ね合わせることに、少々無理があるのは確かであるが、カリスマ的あこがれの対象に一歩でも近づこうとする努力は、ま、悪いことではなかろう。認識として、この種の流行が一時的であることを知った上でやっているなら、それはそれでひとつの生き方であり、文句を言うつもりはない。10年経って自分の写真を見て、どう思うかという問題にすぎないのであるが、もし二度と着られない服をタンスいっぱい溜め、捨てるに捨てられない状況が不本意に起こっているなら、それはマスコミなどの誘導に踊らされた結果と言える。マスコミは勝手に、流行という名のマニュアルを作り出すことだけは知っておいてほしい。一度しか袖を通していない服、ありませんか？

†良い子はしてはいけません

団塊の世代の強みのひとつは、たいていが「失敗の経験を持っている」ことではないかと考えている。団塊の世代は若い頃に少々羽目を外し、普通の親なら喜ばないようなことをしでかした経験のある人が多いだろう。功成り名遂げた人々に、「むかしはワルでねぇ……」とヘンな自慢をするケースは山ほどあるが、逆説的には羽目を外す心意気が、実社会でポジティブに役立った可能性も捨てがたい。かつての失敗や周りが眉を潜める経験が肥やしとなり、のちの人生で活かされたケースである。

いまの若者はあまり羽目を外さないのではないか。幼少の頃より、親や先生の言うことをキチンと守る、いわゆる「良い子」が多くなっているような気がする。「良い子」はむろん、悪いことではないが、反面、親のレベルを超えて「大化けする」こともない。

オリンピックの新種目には、スケートボードやマウンテンバイク、サーフィン、壁のよじ登り（ボルダリング）などが加わるそうだ。それらは親（PTA）や周囲の教育団体から、「良い子はやってはいけません」と言われ続けたスポーツであることに、気づいておられるだろうか。つまりメダルが視野に入る有力な選手たちは、良い子はやらないはずのスポーツを、自分の才覚と決意によって挑戦した若者たちであることになる。では彼らは良い子ではなかったのか。そんなことはないはずだ。

とりあえず一握りではあっても、新しいことに挑戦して成功してくれた若者がいることは、喜ばしいことだ。ここにおける問題点は、「良い子はやってはいけません」と言われ続け、それに従うことが、必ずしも社会の成功の鍵とはならなかったかも、いやむしろ逆になっているかもしれないという事実である。つまり団塊の世代と異なり、今の若者は多くの人生経験の機会を奪われてしまっているのではないか、という問題提起である。

筆者はデパートなどで「良い子の皆さんは……」というアナウンスを聞くたびにため息をつくことが多い。団塊の世代こそ、元気を失った若者たちに、冒険を繰り返す機会を与えるべきなのではないか。

†アイ・アム・ア……

本書は「クリエイティブ・シニア」の存在がこれからの日本をリードする、というコンセプトを説明することを主目的とした。そのクリエイティブ・シニアは、1950年前後生まれの、競争が激しく、多くの経験を経た団塊の世代であるが、筆者もその頃に生まれたひとりである。終わりに近づいている貴重なスペースを借りて、少しだけ筆者の人生を振り返ってみたい。読みたくない人はとばしてくださって結構です……。

筆者は、1956年大阪の阿倍野区阿倍野筋で生まれたはずだが、3歳の頃には現在住んでいる尼崎市に住み始めているため覚えていない。厳しい母と、全然厳しくない父がいたが、より影響を受けたのは父だと思う。母からは冗談ではなく何度も往復ビンタをくらった。自分でもよくグレなかったと思うくらいの厳しさで、ときとしてかなり理不尽な理由でも殴られた。

別に負けん気が強かったわけでも、特に頭が良かったわけでもない。しかし幼少の頃より、これだけは他人にない性格だと言われたのは、ひとつのことをずっとやり続ける根気である。特に気に入った遊び道具は何回でも繰り返し、ひとりでやり続ける性格だった。「レゴ」に代表される組み立て式のパズル・遊具類は、一体何時間使ったのかわからないほど作っては壊し、壊しては作った記憶がある。

飽きっぽい性格の姉とは違い、ひとつのことに集中を始めると、その興味は長い間変わらなかった。たとえばトランプやゲームを集め出したのは、小学校低学年以来であるが、いまも変わらず集めている。このあたりの性格は、環境ではなく生まれつきのような気がする。

†上には上がいる

姉は一種の天才肌で、勉強はよくできたし、運動能力もあった。小さい頃から、世の中には（姉も含めて）決してかなわない人間が多数いることは身に染みて感じていたが、それを心の底から認識したのは中学に入ってのことである。

筆者が入学した灘中学校・高等学校は、6年間一貫教育の進学校であったが、そこは驚きの連続であった。まさに天才と努力家の巣窟《そうくつ》で、飄々《ひょうひょう》としているのに何でもこなす奴がいる。中1で微積分の問題集を終える者、歴史の年号をすべて暗記している者、中国語のラジオを聞いている者などなど。友人たちの超人ぶりに、「オレは何と頭が悪いんだろう」とコンプレックスが募るだけであったが、それはよい教訓でもあった。のちに筆者の頭の出来も記憶力も、平均以上であることは自覚・認識できたが、どんな分野であれ常に「上には上がいるものだ」という刷り込みは消えたことがない。少なくとも天狗になる愚を犯すことがなかったのはプラスの面である。

中学・高校・大学では多くの本を読んだ。卒業してからも読んだ。本は脳の栄養であったし、カロリーでもあった。むろんいまでも変わらない。

†自由の怖さ

父は温厚なタイプで、子どもたちにはおろか、他人にでも部下にでも、声を荒らげることはない性格の人だった。たとえば「スキーに行くから1万円ください」と言えば、2万円くれるような大らかさを持っていたので、私たち子どもらは1万円欲しいときは「5000円ください」と言うようになったほどである。

人生の節目で何かを相談に行くと、決まって「好きにせいや」という。そして好きに決めたことは必ず（金銭的に）サポートしてくれる。子どもたちは自由に伸び伸びと好きなことができたのであるが、実はそれが少々怖かったのも確かである。

人生は「自分で考え、自分で決断を下す」ものだ、という基本的哲学は、父から、そして間接的に祖母から学んだことであるが、祖母の話は以前にちくま新書で書いたことがある（谷岡、2011）ので、これ以上の言及はやめておく。父の何でも許し、何でもやらせてくれる性格は、一歩間違えれば放任・無責任な教育につながる可能性があるが、母の厳しさとうまくバランスがとれていたのかもしれない。兄弟姉妹はいまでも、「与えられた自由と下すべき決定が怖かった」と述懐する。筆者も同じである。

†クリエイティブ・じーちゃん

好きなこと、興味あること何にでも首をツッコミ、それを追いかけることのできる環境を与えられたお陰で、結構いろいろな分野の新しい知を発信できたことは、筆者の幸運の結実であり、自らの誇りでもある。むろん自分ひとりでやれたことではないことは、百も承知している。

現在も仕事をしているので現役の身であるが、仕事を辞めたとしても新しいことへのチャレンジは続けたい。振りかえって、いつ死んでも文句はないほど幸せな人生であったが、肩書がなくなってもクリエイティブ・シニアとしての生き方を貫きたいとは思う。「死ぬときは何かにチャレンジしている途中でありたいな」というのがいまの望みである。

筆者には4歳になったばかりの孫がいる。いろいろなことに興味を持つ利発な女の子だと感じているが、この孫（たち）が全般的な世の中の知に興味を持ち始めたとき、本書を読んでほしいと望んでいる。そしてこう言うのである。

「この本は、じーちゃんが書いたんだぞ……」と。正直に言えば「アイアム・ア・クリエイティブ・じーちゃん」と孫に自慢するまでは生きていたい。

†コラム　手塚治虫とハインライン

手塚治虫の作品は、ハッピーエンドのものが少ない。たとえば『ジャングル大帝』は、白いライオン、パンジャの子レオが、ジャングルの王となるまで成長する楽しい物語だと考えるのは間違っていないが、終わり方（いくつかのバージョンがあるが……）を知っているだろうか。

ケニアのムーン山（キリマンジャロと思われる）の高所で、レオとヒゲオヤジらは吹雪に遭い、遭難して死の危険にさらされる。このままでは、レオもヒゲオヤジも助からない。そんなとき、レオがヒゲオヤジにこう言う、「あなたの目の前に温かい毛布と肉があるではありませんか」と。「そんなおそろしいことを」と断わるヒゲオヤジに対し、レオは「そんな弱虫ならオレが喰ってやる」と跳びかかる（ふりをする）。反射的に銃で撃ってしまったヒゲオヤジに対し、レオは「これでいいのです」と言いつつ死んでいく。その毛皮と肉とでヒゲオヤジは、最終的に山を降りることができるわけであるが、そこで偶然、レオの子どもルネと出会う……。

まさに「子どもには理解できないレベルの終わり方」である。おそらく手塚治虫の死生観なのだろう。人間というものは、ずっと続く食物連鎖と歴史の中で、もがきつつ生きる。そして次の世代にそれを継承する。その中でおよそひとりだけが絶対的な幸福を獲得することなどないが、それでも人は努力し、幸せを求めてもがき続ける。そのプロセスこそが重要なのだと。

仏教用語でいえば、「輪廻の思想と解脱（悟り）」とでも呼ぶのだろうか。人間も動物も何かを犠牲にし、また何かに犠牲にされて生きているのだ。それでも人を愛するということは人間に必要なことなのだという、矛盾に満ちたメッセージを――相手が子どもであろうとなかろうと――打ち出し続けたのが、手塚治虫なのである。ルネにあったヒゲオヤジが、レオの人生を、そしていかに立派な王であったかをルネに聞かせるシーンで物語が終わる。こうして知識と生き様とが次世代に繫がっていくのである。

代表作『鉄腕アトム』のテレビアニメでもアトムは人類を救うため、（太陽の暴走を止めるマシンと一緒に）太陽に飛び込むシーンで終わる。氏のライフワーク的作品『火の鳥』シリーズでも、ラストで「幸せに暮らしましたとさ、めでたし……」と言える主人公はまず登場しない。

筆者は個人的趣味としてサイエンス・フィクション（ＳＦ）をよく読む。予定調和的ハッピーエンドも悪くないが、どちらかというと「この先どうなるのだろう」という、余韻を残す終わりかたの方が好みである。たとえ悲劇的に終わったとしても、そこに人生哲学や深遠な意味が付加されているなら、おためごかしのハッピーエンドより優れていると感じるだろう。正義の主人公が「末永く幸せに暮らしましたとさ」という結末は美しいが、現実ではまずあり得ず、それで終わっては考える機会を制限し、結果として「能動的に何かをやろうとする人間の出現」を減らし続けているだけのことであると思う。

アメリカのSF作家、ロバート・A・ハインラインの作品に、『地球の緑の丘』という短編がある。大好きな話のひとつである理由はたぶん理解いただける。こんな話だ。

星間定期宇宙船のジェット機関士、ライスリングは、少々いい加減だが愛すべき性格で、仕事をサボっては詩を作ることを、そしてそれを酒場などで（吟遊詩人として）披露することを生き様としていた。引退し、死ぬまでにもう一度地球を（視力は失っていたが）経験したいと考え、何十年ぶりかで地球に向かう船に乗るが、その便が突如事故に遭い、自分は残りの乗客を助けるために放射能レベルの高い機関室に閉じこもり、船を助ける。そのとき、彼はインターコムを通して最後に作った歌詞を残すのである。

わが生をうけし地球に
いまひとたび立たせたまえ
わが目をして　青空に浮く雲に

涼しき地球の緑の丘に　安らわせたまえ　　（ハヤカワ文庫SF、314ページ）

むろん彼が生きて地球に到達することがないのは、自分でもわかっている。地球の丘に安らわせられるのは亡骸なのか、それとも彼の夢か、はたまた次世代の可能性か、というところで短編は終わる。多くの人はこれを次世代への（そして人類への）メッセージと考えているようだ。

日本のSF作家、鷹見一幸は『宇宙軍士官学校――前哨』の中で、比較的年配者中心の軍隊が地球の人々を守るために、昔のカミカゼのような自殺攻撃を加える記述をする。その中で司令官が最後につぶやくのは、「地球の緑の丘」の詩のラストの部なのである。「わが生を受けし地球に……涼しき地球の緑の丘に　安らわせたまえ」と。

我々、老齢にさしかかった世代は、次世代に美しい社会を残すことができるのだろうか。

ちくま新書
1320

定年後《ていねんご》の知的生産術《ちてきせいさんじゅつ》

二〇一八年四月一〇日　第一刷発行

著者　谷岡一郎（たにおか・いちろう）

発行者　山野浩一

発行所　株式会社　筑摩書房
東京都台東区蔵前二-五-三　郵便番号一一一-八七五五
振替〇〇一六〇-八-四一二三

装幀者　間村俊一

印刷・製本　三松堂印刷　株式会社

乱丁・落丁本の場合は、左記宛にご送付ください。
送料小社負担でお取り替えいたします。
ご注文・お問い合わせも左記へお願いいたします。
〒三三一-八五〇七　さいたま市北区櫛引町二-六〇四
筑摩書房サービスセンター　電話〇四八-六五一-〇〇五三

ISBN978-4-480-07135-4 C0295

ちくま新書

884
40歳からの知的生産術
谷岡一郎

マネジメントの極意とは？　時間管理・情報整理・知的生産の3ステップで、その極意を紹介。ファイル術からアウトプット戦略まで、成果をだすための秘訣がわかる。

1084
50歳からの知的生活術
三輪裕範

人生80年時代、50歳からも先は長い。定年後の人生を充実させるために重要なのが「知的生活」である。本書は、知的生活に役立つ、一生ものの勉強法を伝授する。

1104
知的生活習慣
外山滋比古

日常のちょっとした工夫を習慣化すれば、誰でも日々向上できるし、人生もやり直せる。『思考の整理学』の著者が齢九十を越えて到達した、知的生活の極意を集大成。

978
定年後の勉強法
和田秀樹

残りの20年をどう過ごす？　健康のため、充実した人生を送るために最も効果的なのが勉強だ。記憶術、思考力、アウトプットなど、具体的なメソッドを解説する。

1058
定年後の起業術
津田倫男

人生経験豊かなシニアこそ、起業すべきである――第二の人生を生き甲斐のあふれる実り豊かなものにしたいあなたに、プロが教える、失敗しない起業のコツと考え方。

1189
恥をかかないスピーチ力
齋藤孝

自己紹介や、結婚式、送別会など人前で話す機会は意外と多い。そんな時のためのスピーチやコメントのコツと心構えを教えます。これさえ読んでいれば安心できる。

920
いますぐ書け、の文章法
堀井憲一郎

文章はほめられたいから書くのか？　人気コラムを書き続けてきた著者が、プロとアマとの文章の違いを語り、書けずにいる人の背中を強く押す、実践的文章法。